AF269811

ARNOLD KRUMM-HELLER

CURSO DE RUNAS

EDICIONES OBELISCO

Colección Biblioteca esotérica

CURSO DE RUNAS
Arnold Krumm-Heller

1.ª edición: noviembre de 2021

Diseño de cubierta y maquetación: *Carol Briceño*

© 2021, Ediciones Obelisco, S. L.
(Reservados los derechos para la presente edición)

Edita: Ediciones Obelisco, S. L.
Collita, 23-25. Pol. Ind. Molí de la Bastida
08191 Rubí - Barcelona - España
Tel. 93 309 85 25
E-mail: info@edicionesobelisco.com

ISBN: 978-84-9111-769-8
Depósito Legal: B-9.528-2021

Printed in India

Prólogo

La bibliografía actual sobre runas es muy copiosa, pero curiosamente la mayoría de libros son obras modernas, muchas de ellas basadas en los estudios de Edred Thorsson.[1] Por supuesto, en la academia existen algunos runólogos que arrojan luz, desde perspectivas eminentemente históricas y filológicas, sobre este peculiar alfabeto simbólico. No podemos dejar de mencionar el desempeño de especialistas como James Knirk, de la Universidad de Oslo; Henrik Williams, de la Universidad de Uppsala, o el valioso legado del germanista Elmer H. Antonsen, del profesor Raymond Ian Page… Pero en el ámbito de la divulgación y si se trata de libros que sitúen el foco en la dimensión espiritual y mágica de las runas, encontramos poco más que un trabajo de Edmund Gosse publicado en el año 1911 en la Enciclopedia Británica y los *Danmarks Runeindskrifter* de Lis Jacobsen (1942).

Ésta es una de las razones por las cuales, después de darle muchas vueltas, nos hemos aventurado a rescatar y editar estas lecciones de Arnold Krumm-Heller (1876-1949) que conforman su *Curso de runas*. La otra es la originalidad de su obra, que se desmarca de la práctica totalidad de los otros libros dedicados a las runas.

---

1. Particularmente *Futhark*, Ediciones Obelisco, Barcelona, 2006, varias ediciones.

Nacido en Alemania, afincado en México durante una parte importante de su vida, y bautizado en Perú con el nombre iniciático de Huiracocha,[2] Krumm-Heller fue médico de profesión, homeópata y un gran experto en plantas medicinales. Erudito ecléctico sin excesiva autocrítica, novelista prolífico, espía alemán en México durante la primera mitad del siglo xx, Krumm-Heller fue discípulo de Gérard d'Encause, más conocido como Papus, y fundó la Sociedad Rosa-Cruz Antigua, que llegaría a ser la mayor organización esotérica de América Latina. Nuestro autor, que fue iniciado en casi todas las órdenes ocultas de su época, reconoce a Papus como su principal iniciador. Estudió y colaboró como médico con el gran ocultista francés y con el mítico Dr. Charcot en el hospital Salpêtrière de París. Krumm-Heller también fue Coronel Médico Militar del ejército mexicano y más tarde, trabajó como diplomático ejerciendo como Ministro de México en Suiza y en Alemania hasta el final de la Primera Guerra Mundial, cargos probablemente relacionados con sus altas titulaciones masónicas y de otras sociedades secretas.

Las páginas que conforman este *Curso de runas* fueron originariamente clases dictadas por el esoterista alemán en círculos rosacruces.

En una conferencia dada en Brasil en 1936, Krumm-Heller sostenía que existía «una corriente de sangre entre los pueblos germánicos, entre los que se originan las runas, los toltecas y los aborígenes de Brasil, lo cual habla de esa relación de corazón que debe existir entre Alemania, América Latina y Brasil». Más que ante una revelación esotérica, que es por otra parte como pretendía vender esta aseveración, nos hallamos ante una cuestión meramente política vinculada a su actividad diplomática como representante del imperialismo alemán.

---

2. Nombre de un dios inca, señor de la vara o el cayado, lo cual lo asocia simbólicamente con Moisés.

Arnold fue el menor de nueve hermanos y nació en Salchendorf, cerca de la ciudad minera de Siegen, en el sur de Westfalia. Su padre era inspector de minas, y su madre, Ernestine Heller, hija de un pastor protestante, pertenecía a una familia emigrada a México en 1823 para trabajar en el sector minero. Viajó por toda Latinoamérica pronunciando conferencias y abriendo «sucursales» de su sociedad secreta. Algunas de sus opiniones fueron manifiestamente racistas e intolerantes, muy en la línea de la ideología de su época. Con todo, adivinamos en él a un cristiano de corazón, alejado de las ideas de sociedades secretas como la *Thule* de Rudolf von Sebottendorf o la *Vril* inspirada por las obras de Edward Bulwer-Lytton. Perseguido por el Tercer Reich, los nazis le confiscaron su biblioteca, tuvo que ocultarse hasta la llegada de las tropas norteamericanas, a pesar de que hay quien lo ha tachado de pro-nazi.[3] Mientras que en 1908, Krumm-Heller sostenía que la cábala era sinónimo de «esoterismo occidental» y que venía del pueblo hebreo, en 1931 afirmaría que la verdadera cábala era la «aria» o «nórdica», y que en realidad nació en la Península de Yucatán. Todos sabemos de la ola de antisemitismo que invadió los espíritus de medio mundo en aquellos años.

En Chile conoció a Léon Denis, quien lo iniciaría en el espiritismo y en la teosofía. Allí contrajo matrimonio con Rita Aguirre Valéry, hija de un diplomático chileno. No fue, sin embargo, su única mujer. Más tarde, en Argentina, fue iniciado en el martinismo por el Dr. Henri Girgois, representante de Papus en el cono sur. Más tarde Krumm-Heller sería designado por el propio Papus como delegado general de la orden para Perú, Chile y Bolivia. También sería nombrado Gran Representante General para México del Soberano Santuario del Antiguo y Primitivo Rito de Memphis-Misraim.

---

3. Sobre todo a raíz de las denuncias de Omar Cherenzi, un oscuro personaje que decía estar instruido por mahatmas del Tíbet.

En el año 1930 conoció en México a Aleister Crowley, fundador de la Golden Dawn. Tuvo su consulta como homeópata en la calle del Empedradillo, en el centro histórico de ciudad de México, donde atendía a miembros del gobierno y de la aristocracia mexicana.

Su libro más conocido, *Plantas sagradas*, inspirado sin duda por las investigaciones de su bisabuelo Karl Bartholomaeus Heller, ha sido objeto de numerosas reediciones y no es improbable que algún día aparezca en esta misma colección. El *Curso de runas* que hoy presentamos ha circulado entre los alumnos de la Sociedad Rosa-Cruz Antigua desde hace unos 100 años con el título de *Curso rúnico*. Lo hemos liberado de diversas repeticiones, así como de opiniones del autor que nada tienen que ver con las runas o el esoterismo y que podrían chocar a más de un lector. Sus ideas son a menudo confusas (él mismo admitía esta confusión cuando escribía «mientras más se lee, mayor es la confusión en que se enreda uno») y cuando irrumpe en el campo de la etimología lo hace más con buena voluntad que con conocimiento real de las raíces de las palabras, mezclando el griego, el sánscrito o el hebreo con el inglés o el castellano.

Aun así, nos hallamos ante una obra sincera, original y única que cualquier aficionado o estudioso de las runas estará orgulloso de tener en su biblioteca.

El editor

CURSO
DE RUNAS

Introducción

Apreciado Discípulo:

En nuestros libros *Logos mantram magia*, hemos demostrado que el lenguaje humano es de origen divino y que toda su génesis procede de la LUZ. Es decir, fue, en sus principios un lenguaje de luz, –YO SOY LA LUZ DEL MUNDO– decía el nazareno y San Juan repetía que el LOGOS, el Verbo, la palabra y la LUZ DIVINA, eran dos aspectos, dos exponentes de la misma cosa y, por consiguiente, eran idénticos.

Si DIOS, la Fuerza Divina, la Ley Universal, el Gran Todo, la Vida en sí misma, la Gran Potencialidad energética, todo es lo mismo e igual en esencia y en sustancia, con la palabra de LUZ o LOGOS, se nos da una síntesis que a todo lo abarca y comprende y que puede llegar a nuestra imaginación de un modo comprensible.

Ahora bien, si el lenguaje hablado fue LUZ y debe volver a serlo cuando alcancemos la iniciación, cuando regresemos conscientemente a DIOS, la palabra escrita ha de ser homogénea, de la misma especie e idénticas condiciones, ha de ser LUZ y darnos la sustancia divina que necesitamos como ambiente y vehículo en nuestra marcha ascensional hacia DIOS por el camino iniciático. Más aún, cada letra, en un principio genésico, fue por sí misma un exponente de LUZ, pero, es preciso aclarar que no se trata de las letras posteriores a este principio o imitaciones utilizadas por los hombres en sus distintos idiomas como son las letras góticas, latinas, árabes, hebreas o chinas, ni aún siquiera el lenguaje simbólico utilizado por los mayas, sino las que corresponden a un alfabeto muy anterior a todos los demás de donde surgieron todos los demás idiomas o abecedarios. Este lenguaje primitivo, genésico único, padre de todos los lenguajes humanos, son las RUNAS que con manos santas grabaron los primeros hombres sobre piedras. Son, pues, LUZ esas RUNAS y podemos hacerlas visibles por medio de la MAGIA RÚNICA, pues aunque conocemos los *mantrams*, en su mayoría sánscritos y hebreos, ha sido necesario regresar, emprender el camino hacia atrás para dar con la fuente de donde vinieron y a fin de poder aprisionar lo más santo, lo más eficaz, en su sentido primitivo. Para alcanzar este objetivo hemos de aprender el valor numérico, los metales o piedras que corresponden a esos valores rúnicos, sus nombres, el color con que se ven en el astral y el significado de cada uno de ellos para usarlos en la magia.

Luego hemos de conocer la forma de construir el círculo mágico, siendo todo ello conocimientos preliminares que nos son muy precisos para poder adelantar después en el camino que vamos a emprender.

Todos los múltiples fenómenos que observamos en el mundo que nos rodea, son cualitativamente una sola cosa, es decir, los exponentes de una única y sola cosa a la que llamamos ALMA O DIOS. DIOS se expresa, nos habla, por medio de los fenómenos del mundo. La variedad de estos **fenómenos está condicionada por el hecho de que se nos** presenten en diferente época o lugar, pues lugar y tiempo, tienen su expresión a la vez en número y medida. El jeroglífico, o sea esa síntesis expresiva en número y medida, es el nombre y damos nombre a todas las cosas para diferenciarlas unas de otras. Si tratamos de concretar esta definición, veremos que los números son los únicos indicadores del tiempo y del espacio. Espíritu, tiempo y lugar o espacio son los que dan la norma para concreción del nombre. De aquí que el nombre como expresión del espíritu, del tiempo y del lugar de una cosa, tiene «sino» (destino) o karma de la cosa en sí.

El nacimiento de un ser, de un movimiento, de una cultura o sociedad, expresa pues, su porvenir, y descifrarlo en lugar y tiempo es objeto de la astrología, mientras que descifrar el porvenir del nombre es objeto de la cábala numérica y de los caracteres rúnicos.

Los hebreos, imitadores por excelencia, dieron a conocer al mundo la ciencia de descifrar el destino de sus letras y, si bien es hermoso y aún divertido el descifrar en la cábala los nombres hebreos, ellos han silenciado que se apropiaron de ese sistema utilizado por los nórdicos quienes, miles de años antes, habían dado a conocer sus normas para internarse en el porvenir, atender al desarrollo interno y obtener la iniciación con el estudio de las RUNAS, de las cuales se fueron tomando las letras hebreas y no al contrario como determinados filólogos han pretendido demostrar.

Los nombres se componen de letras y éstas las diferenciamos en vocales y en consonantes, conservando, pues, cada letra su valor numérico.

A continuación, damos a conocer estos valores:

a.		- F - 1 -	ᚠ	Fa - Runa violeta, amarillo	☿ ♌	Topacio, Zafiro destino, guiar
b.		- U - 2 -	ᚢ	Ur - Runa Violeta oscura	♍ ☽	Jaspis, Carneol ciencia, comprender
g.		- D - 3 -	ᚦ	Thoros – Runa amarillo, azul, verde claro	Ω ☉	Chrisolita, Jacinto acción, matrimonio, lograr
d.	- O - 4 -		ᛉ ᛜ	Os - Runa rojo oscuro	♏	Topacio realización, ofrecer
e.		- R - 5 -	ᚱ	Rit - Runa azul violeta	♃	Lapislázuli, Carneol religión, entender
v.u.w.		- K - 6 -	ᚲ	Kaun - Runa amarillo, anaranjado	♀	Chrisolita, Agata tentación, sostener
z.		- H - 7 -	ᚼ	Hagal - Runa púrpura, azul, rojo	♐	Zafiro azul victoria, trasmutar
h. ch.		- N - 8 -	ᚾ	Peligro - Runa azul oscuro, índigo	♑	Onix, Amatista justicia, equilibrio- separa
t.		- I - 9 -	ᛁ	Is - Runa azul claro, lila, violeta	♒	Zafiro azul sabiduría, habilidad, correr
i. j. y.		- A - 10 -	ᛆ	Ar - Runa Blanco	☉	Ambar cambio de fortuna, cambiar
e. k.		- S - 11 -	ᛋ	Victoria Irisado	♆	Jaspis, Amatista poder espiritual, querer
l.		- T - 12 -	ᛏ	Tyr - Runa Púrpura, gris, café	♓	Chrisolita sacrificio, excitar

m.	- B - 13 -	ᛒ	Bar - Runa colorado claro, ladrillo	♈	Berril formación, muerte, fecundar
n.	- L - 14 -	ᛚ	Laf - Runa amarillo, azul, verde	♉	Topacio renovación por dominio, fijar
x.	- M - 15 -	ᛘ	Hombre azul turquesa	♄	Esmeralda magia, fatalidad, impulsar
o.	- Y - 16 -	ᛉ	Ir - Runa Rojo	♂	Sanguinaria accidente, catástrofe, fini
f. p. ph.	- E - 17 -	ᛋ	Fh - Runa violeta luminoso	♊	Turquesa verdad, fe, esperanza, unir
sh. sch. ts.	- G - 18 -	ᛉ	Gibor - Runa verde, blanco	♋	Opalo engaños, amigos, traidores
q.	- - 19 -	ᛦ	como 1 anaranjado, amarillo, oro	♌	Rubí fortuna, amistades
r.	- - 20 -	✝	como 2 verde	☽	Coral plata despertar, reencarnación
s.	- - 21 -	ᚼ	como 3 anaranjado, verde, amarillo	☉	Carneol oro éxito
th	- - 22 -	✕	como 4 negro, gris	♒	Onix fracaso, decepción

Una vez conocidos estos signos y sus respectivos valores, haremos el círculo mágico, en forma tal, que no nos atraerá seres inferiores del astral ni espectros como los que evocaban Eliphas Lévi y algunos teósofos, sino ÁNGELES DE LUZ, seres plenos de sustancia crística.

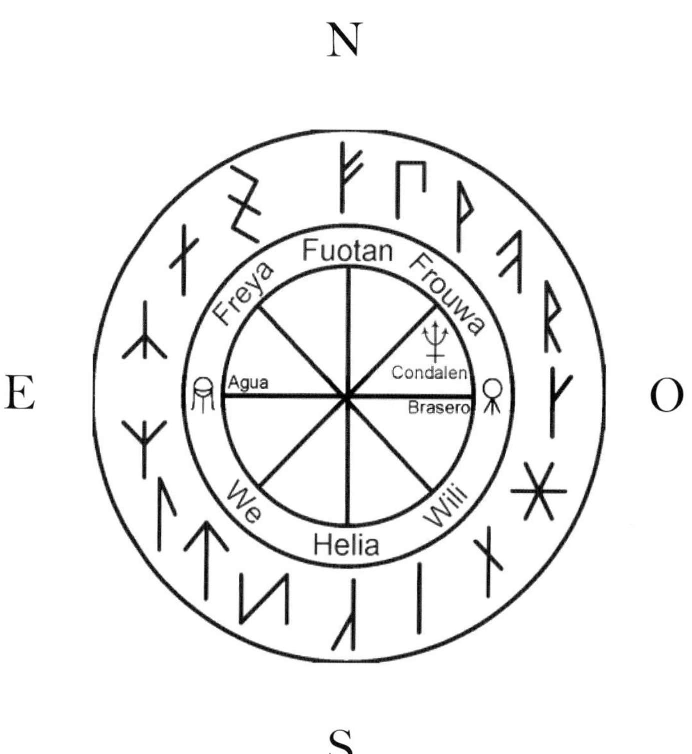
N
E
O
S
Freya
Fuotan
Frouwa
Agua
Condalen
Brasero
We
Wili
Helia

Runa FA

En nuestro *Curso zodiacal* intentamos dar a conocer y explicar la Corriente Cósmica que mana tanto desde la altura como de la Tierra misma para converger en nosotros asimilándose en nuestras glándulas o centros magnéticos a fin de que se realice en ellos el milagro de convertirnos de nuevo en Dioses. Porque Dioses somos… ahora que encerrados en la cárcel de nuestra envoltura física, como decía Platón, donde el Fuego Sagrado que nos alienta no puede actuar simple y espontáneamente, sin preparación alguna. El alfabeto de la mayor parte de los idiomas, comienza con la A y el nuestro, el castellano, concluye o termina con la ZETA O ZEDA. Z, que es el final de nuestro alfabeto, es una runa - GIBOR O GEA, la del Génesis, la del nacimiento, que se realiza, después de haber sido engendrado en la runa fuego FA… Con esta F de la runa FA (ᚠ) vamos a comenzar nuestro estudio.

Para dar el primer paso, nos es muy necesario verificar como una amalgama en nosotros, de todo el valor de esa runa (ᚠ), *father*, fecundar, facer, fuego, facies, factor, facultad, facundia, faena, fagote, falo, faz. En todos estos vocablos se ha conservado la runa FA. Según el *Libro de Dzian, Fo-hat*, es la Fuerza Generatriz, el Fuego Central de la naturaleza…

La palabra pir (fuego) viene de *Fyr, Fir* y luego convertido en *first*, (lo primero que se hizo fue la Luz). De *Fyr* se hizo el *Fir o free* inglés que formó la palabra *freemason* (francmasón) para significar que los masones deberían ser los primeros que, con la realización de sus símbolos, despertaran en sí el Fuego Sagrado.

A través de los tiempos, las palabras todas sufren sus cambios y alteraciones y así de Foutan, se hizo Wotan, el Dios del Fuego, el de los germanos y el Dios o Gran Espíritu de los mayas, el Primero de todos o Dios de los Dioses. La misma etimología de *pir* tiene la *pira,* donde ardía el fuego, y la pirámide. Así mismo varón, farones, faraones. F. runa, es lo que está encerrado en las palabras *veruna, verina* o Verín (España) y en Verona (Italia).

Pues varón es el Dios Universal. Ya hemos hablado algunas veces en nuestra revista de esto mismo y nos hemos referido a *fuste, faute, Faust, Fausto, fuero* (la Ley). Esta runa inicial, la encontramos en multitud de escudos españoles y pueden nuestros hermanos estudiar la heráldica española y se quedaran verdaderamente encantados de tantas runas como hay en esos blasones.

FACER, FECUNDAR, es decir despertar es, pues, el objeto del ejercicio de esta runa.

Por la mañana temprano, al levantarse del lecho, debemos elevar ambos brazos hacia el Sol, procurando que el izquierdo esté más levantado que el derecho y que las palmas de las manos estén frente a la luz en actitud de recibir sus rayos. En esta posición describe nuestro cuerpo la runa FA. Una vez así, se comienza a respirar rítmicamente, respirando por la nariz y expirando por la boca, pero hundiendo el estómago para que no quede aire dentro, pensando siempre que la corriente de la Luz Solar (Luz Espiritual) penetre en nosotros por los brazos e inunde todo nuestro cuerpo. Pensemos también que esa corriente de Luz recibida, no salga ya de nuestro cuerpo y no salga de nosotros y perdure en nuestro organismo, pues, si nos hemos preparado debidamente a través de prácticas anteriores, así sucederá, en efecto, y en nuestra aura se notará una especie de brillo nuevo que antes no tenía. Hay que tener en cuenta que la runa FA es la runa de la Luz, es la que encierra en sí la sustancia cristónica y de ella hablaremos al tratar de otra aún más importante y de la etimología de la palabra CRIST-AL (todo), es decir, TODO CRISTO.

Además es la runa FA la de la actividad e invita, pues, al discípulo a la magia, a la actividad perpetua y constante, pues no es posible que el que practique dentro de las runas, sea un perezoso y deje de buscar una continuada actividad y un trabajo perenne. Al levantar los brazos hacia el Sol, como si dijéramos, al foco de toda actividad, ha de ser sumamente consecuente con ese acto para aprovechar toda la actividad que le produzca ese poder logrado.

Los Rosacruz nórdicos y las runas nos enseñan que el trabajo no es un castigo de Dios, una maldición a la que el hombre está sometido según la Biblia, sino que el trabajo es una alegría, un placer, ya que trabajando se transmutan las fuerzas solares en nosotros. De este modo se puede cultivar el Arte por el Arte mismo y ser verídico por amar a la verdad en sí, igualmente se debe amar el trabajo por el mismo trabajo, es decir, por lo que es. Sólo el que asimile en su mentalidad este nuevo principio podrá sacar todo el provecho que parte de la runa FA. Los que han sufrido la miseria por haber sido miembro de ese ejército de los sin trabajo, no se han dado cuenta de que mentalmente atrajeron su desocupación por haber dedicado demasiado tiempo al deseo de descansar. El que sólo piensa en el trabajo, nunca le faltará y, como por Ley Cósmica no hay labor sin recompensa, la suya la tendrá y jamás se sentirá necesitado.

Por ello, esta runa encierra, si el discípulo medita bien, la clave del bienestar mediante el trabajo honrado.

Los pueblos orientales por lo general son indolentes y viven en la miseria, y mucha de nuestra pereza habitual la heredamos de los moros. La mentalidad de la India propagada por la Sociedad Teosófica nos hace más pesados y nos atrae la miseria.

No sabemos si en todas partes donde pueda existir esta runa, haya tenido este mismo valor simbólico, pero sí es cierto que dondequiera que la incrustaron, vivió siempre un pueblo trabajador y laborioso, bien sea en México, Centroamérica, Brasil –donde la encontraremos en las orillas del río Aiary - Yakare - Cachoeira–, Perú, Argentina, por todo el Oriente y hasta en los calendarios de madera de los pueblos del Norte. Cada vez que vislumbramos esa runa, con toda firmeza NOS LLAMA AL TRABAJO HONRADO, es decir, a una labor tenaz como la que ejecutó el pueblo azteca y aún el inca, al exigir y levantar sus grandes templos e insignes monumentos.

Una vez que el Discípulo haya verificado los ejercicios que se recomiendan hacer por la mañana al levantarse para cargarse e inundarse de la Fuerza Solar, es recomendable, asimismo, ir alguna noche, pero con la mayor frecuencia posible, hacia un lugar apartado y encarándose con el cielo estrellado, elevar los brazos tomando igual posición y prorrumpiendo luego en esta evocación:

Dicha con todo fervor y valor volitivo, esta evocación debe entonces pronunciarse largamente las siguientes sílabas sintiéndose unido con el Gran Todo, El Cosmos Infinito y como hecho una mitad en él: FA… FE… FI… FO… FU…

FA… encierra en sí mismo toda la fuerza, toda la energía de la fecundación en el sentido absoluto de la palabra. Procura ¡oh, Discípulo! fecundar con esa energía todo tu éxito y tu felicidad y ellos vendrán hacia ti en el silencio nocturno de tu noche espiritual como dádivas preciosas…

FA… como valor numérico, es tanto como un decidido, firme e indiscutible YO QUIERO. Asimílatelo, ¡oh, Discípulo! y la potencialidad energética de tu voluntad dormida, tomará nuevos bríos para que el Dios que alienta en tu interior se vaya despertando en un nuevo y glorioso renacer.

Como sumado ariosóficamente los números hasta llegar a la Unidad damos con la cábala, ella nos dice que personas que viven el uno serán siempre buenos ingenieros, técnicos, inventores, diplomáticos y oradores excelentes, y tan sólo los que no sepan afirmarse en la parte volitiva de esta energía una serán meros habladores sin resultado con una pasiva verborrea que a nadie llegará. Posteriormente, hemos de estudiar también la cábala ariosófica de los números.

MERCURIO, como planeta movedizo, es el que influye sobre los que viven bajo la acción directa de la runa FA… sus colores preferidos se concretarán en el VIOLETA, pues con este color se da principio a las Fuerzas Cósmicas.

En las instrucciones venideras, iremos uniendo varias runas y penetrando más en los estudios cabalísticos del Norte hasta llegar a dominar franca y llanamente la ciencia de las ciencias que es la magia.

Runa UR

Ya hemos conocido la runa (FA), la runa del Fuego, del fuego animador y fecundante de cuya energía vitalísima y de cuya actividad, hemos procurado inundarnos al hacer nuestras prácticas, en provecho de nuestra vida diaria. Fuego de entusiasmo, ardor vital, necesitamos para todo, es decir Fuego y vivacidad para todas las cosas, pero, he aquí, que el fuego es LUZ. Es un error creer que la LUZ sea un producto del Fuego como algunos piensan. No, el fuego, lo que hace en tal caso, es liberar la Luz porque la LUZ es universal, está en la entrada de la Vida Cósmica, en el Alma del Logos, alienta en todos los ámbitos del Infinito y vibra hasta en el más diminuto ión. La LUZ no sólo hiere nuestra retina, no sólo penetra en nuestros ojos, sino que nuestros mismos ojos son de Luz, son la Luz misma. Esa Luz primordial, purísima, eterna, es a la que se refiere y nos enseña la runa UR mediante su valor numérico 2 y su correspondencia con la letra de nuestro alfabeto U.

Nuestro idioma ha tenido sus cambios y sus mudanzas. En la Edad Media, por ejemplo, se decía *mesmo* y hoy decimos *mismo*. Para nosotros, en muchas ocasiones en que se usaba la U, hemos venido a poner en su lugar la O. De este modo ORIGEN, ORDEN, URANO, parten de la misma raíz etimológica y son reminiscencias del UR antiguo que fue la séptima letra del alfabeto céltico y corresponde a nuestro UR antiguo. Así que para los celtas, los originarios de España habían muchos nombres con UR como Ura (Burgos), Urabain y Urarte (Álava) y Urallaga (Vizcaya). Uraba tenemos en Colombia y en el Golfo de Darien. Uracoa en Venezuela y en todo México y Brasil encontramos multitud de pueblos que comiencen por UR y es que se trata de una letra de alfabeto Original cuya significación en alemán es PRIMITIVO, PRIMORDIAL, ORIGINAL y se usa constantemente en ese sentido como prefijo. UR *ewig - keit* es la Eterna Eternidad. UHR es el Reloj, la medida del tiempo y RUH es el descanso. Los antiguos presentaban a Dios manifestado mediante un círculo con un punto en el centro ⊙ y a Dios inmanifestado con un solo círculo sin punto central ◯.

El punto del círculo, símbolo de lo inmanifestado significa la parte volitiva o aquella energía que es necesaria para el logro de la manifestación y que ya desaparece en el símbolo de lo manifestado.

En algunos escudos de blasones antiguos se encuentra la figura de la runa UR y en otros ambos círculos. Ahora que en unos está la UR mirando hacia arriba y en otros hacia abajo. Es la dualidad del Bien y del Mal, de Dios y Satanás, del Cielo y de la Tierra…

Escrita la UR, se advierte que es una A al revés y así podemos recordar el *mantram* AUM que comienza con las dos U, una al revés y otra al derecho, lo cual nos demuestra que debemos buscar la corriente de arriba, del cosmos al mismo tiempo que la de abajo. Cuando nuestro maestro iniciador *papus* nos dio a conocer la pronunciación del AUM, mediante la cual instantáneamente se nos presentó el Maestro del Astral, comprendimos en la manera de dibujar esas dos U (A y V), el porqué de aquella singular pronunciación. Los teósofos hablan frecuentemente del AUM pero jamás en obra alguna dan estas indicaciones de su clave oculta.

Es porque probablemente la desconocen y si la saben no pueden darla por escrito, ya que está terminantemente prohibido, pero basta un poco de pensar en esa forma *a* para arriba y *u* para abajo concluyendo con la *Mmmmmm,* para adivinar la entonación, pues Papus no me dijo más a mí tampoco y con ello lo deduje.

Los japoneses se presentan ante su soberano erguidos primeramente y luego se inclinan haciendo una pronunciada genuflexión. Lo mismo ocurre en muchas iglesias, como asimismo está prescrito en algunos rituales iniciáticos. Ese movimiento es también una reminiscencia de esas prácticas rúnicas primitivas.

La escuadra y el compás de los masones es el mismo símbolo de LUZ que resulta de la superposición de la V sobre la U. Igual es el signo *Olin* de los mexicanos antiguos y ellos es una prueba bien evidente del origen nórdico del símbolo. La masonería era conocedora de que en ese signo existía un gran secreto, pero perdió en su día la clave y hoy no pasa de ser un símbolo de exigua significación moral. En ella, se hacen tocamientos con las manos, se ejecutan saludos, se verifican marchas y todos ignoran el porqué de estos movimientos, desconociendo que son también una reminiscencia de los movimientos rúnicos. En los museos de México y Berlín, existen muchas de esas runas que tienen similitud con una herradura llena de jeroglíficos que tratan de traducir y hasta ahora, muy recientemente, no han comenzado algunos arqueólogos a decir que se trata de los arcos que hacía el Sol en los solsticios y equinoccios. Primitivamente, al ver los mexicanos en sus templos esos objetos de piedra, trataban de imitar su figura con el movimiento de su cuerpo.

En aquellos templos donde aparecía la antigua sentencia de HOMBRE, CONÓCETE A TI MISMO… aparecía del mismo modo la runa UR, como para decir al hombre: RECONÓCETE al par como origen de LUZ, como ángel, como Dios, como entidad de UR-IGEN divino… Si la runa anterior, la FA, lleva siempre aquel mandato de ENGENDRA TU FELICIDAD EN EL PRESENTE, la runa UR lleva el otro mandato ahora de CONÓCETE y aún RECONÓCETE A TI MISMO… El significado en la cábala nórdica de esta última runa, la UR, es inmortalidad, Eternidad, Causa, Principio, LUZ primordial.

Al extender las cartas, hablaremos también de las runas como Tarot y cada uno de los Discípulos aprenderá a echar las cartas con las runas, cuando ésta cae boca abajo, una vez de significar lo Eterno, es símbolo de lo temporal, lo efímero, lo pasajero, de aquello que empieza y acaba pronto.

Como correspondencia numérica la runa UR tiene el número 2 y representa la Ciencia. Su signo es el signo zodiacal VIRGO. VIRGO significa el orden lo que es apacible y armónico, y toda persona que nazca bajo sus auspicios, es ordenada, apacible, de armoniosos deseos y, por lo tanto, creadora de LUZ interior.

Bajo el signo de VIRGO, tenemos a buenos escritores, sacerdotes sinceros, excelentes agentes de seguros. Son personas que cumplen muy bien con los deberes de padres y de hijos a la vez. La cábala hebraica les da como símbolo un círculo y como a este signo corresponde el planeta Mercurio, fue considerado por los antiguos como el demiurgo, guía de los demás planetas, la representación del Omnisciente, del Trismegisto o tres veces sabio. Los nacidos, bajo este aspecto, son egocéntricos en el buen sentido de la palabra y no admiten generalmente opiniones filosóficas de otras personas, sino que ellas las toman de su ego interno por lo cual están beneficiados de una gran inspiración.

Igual sucede a aquellas personas cuyo nombre cabalístico o rúnico forma el número 2. Es curiosa esta confirmación en uno y en otro aspecto, dándose el caso de que las personas centradas cabalísticamente en 2, hayan nacido en VIRGO precisamente y bajo Mercurio. Por eso los astrólogos deberían completar sus cálculos astrológicos valiéndose de la cábala numérica.

PRÁCTICA:

Colóquese el estudiante al Norte o frente al Sol y una vez alzadas las manos como en el ejercicio de la runa FA, agáchese con las piernas abiertas y en esta posición, piense firmemente que así la corriente cósmica penetra en su interior y repita de este modo: en mí reside la LUZ, la LUZ divina. El Gran Omnisciente me dará Sabiduría Divina y yo me tornaré un superhombre, llamando la atención de todos por mi recto proceder, por mi modo de ser ecuánime y por mis despiertas y sabias respuestas cuando otros me interroguen. Reconozco en mí, ente superior, esa divina LUZ que comienzo a irradiar y que ayudará infaliblemente a todos los que a mí se acerquen.

Así sea.

Runa DORN

En la *Enciclopedia Espasa* hallamos, bajo la palabra ALFA-BETO, todos los abecedarios del mundo, singularmente los conocidos y, figura en primer término el rúnico nórdico y en segundo lugar el anglosajón. Los lectores que tengan a su alcance esta enciclopedia, observarán a primera vista, que las runas tienen que haber sido la génesis de todos los lenguajes escritos y, en esta inteligencia, ya demostraremos como de la runa HAGAL brotan todas las letras latinas inclusivamente.

La tercera runa que vamos a estudiar, es la THOR, llamada también TORN o DORN, a cuyas variaciones hemos de referirnos para una mayor comprensión.

En los dólmenes de la época megalítica (monumentos prehistóricos de piedras sin labrar) de Valencia (España), tenemos una buena ocasión de comparar estas mismas runas con las que encontramos en los dólmenes de Alvao

(Portugal) a los que la ciencia le concede una edad de unos diez mil años. Tanto en España como en Portugal, los druídas nórdicos enseñaron la manipulación o manejo de esas figuras mágicas, pero los que con el tiempo habíamos de estudiar TEO-SOFIA no nos dábamos cuenta de que teníamos todas estas cosas bien cerca y transgredíamos a buscar cosas aún más recientes y de mucho menos valor en la India.

De otra parte nos figuramos cual sería la extrañeza de los sacerdotes católicos al llegar al Brasil y encontrar en dicho país las mismas inscripciones paleo-epigráficas sobre piedras que las existentes en Europa.

DORN, cuya significación es ESPINA en el alemán moderno, tiene el significado de VOLUNTAD en el lenguaje nórdico. DONAR, por consecuencia, era el Dios de la Voluntad, era el Dios de la Espina.

Miles de años antes de ser conocido nuestro cristianismo judeo-romano se sabía en los Misterios de un Dios sobre la Cruz, y el Crucifijo más hermoso que conocemos es el que se encuentra sobre las rocas de Colombia, en el valle del río Magdalena, y cuya edad no es posible precisar, pero que es obra de muchos miles de años con antelación a nuestra Era. Igual podemos decir que se encontraron en Sardinal (Costa Rica), procedentes de la edad de bronce, muchas Cabezas con Coronas de Espinas esculpidas en las rocas y ya sabemos históricamente que existió un culto al

Dios de la Espinas, las cuales, bien consideradas y examinadas, nos presentan la figura de la runa THORN.

En los Misterios del culto de Espina se enseñaban prácticas para desarrollar la voluntad.

El ECCE HOMO, pues, como página sagrada de nuestro cristianismo romano, no viene a ser más que una sincronicidad con los Misterios nórdicos y una reminiscencia del culto de aquella época. Ahora entrevemos, el porqué de que los rosacruces eligieran el símbolo de la rosa que no sólo tiene hojas y pétalos, sino también espinas. DORN, (espina) significa así mismo voluntad y la figura del Ecce Homo no tiene una corona tan sólo para recordarnos un hecho histórico, sino para decirnos: hombre, ciñe tu cabeza a la Corona del sacrificio y ármate de voluntad precisa para lograr el triunfo.

DORN, es también el *falus o phalus*, el principio volitivo de la magia que nos ofrece una nueva clave. Nos dice que hay que acumular sobre el *falus* los impulsos seminales para adquirir esa energía honda, espiritual, que se llama voluntad.

Cuando el maestro Papus me dio estas prácticas me enamoré de una mujer muy linda y provocativa. Era yo joven e incompetente y después de excitarme acariciándola, en un momento dado, imponía mi voluntad y pasaba de las caricias.

En esa época, pasé casi un año absteniéndome de todo contacto carnal y allí adquirí esa voluntad que me hizo triunfar en la vida. No quiero decir: hazlo igual, discípulo. Eso cada uno debe arreglarse consigo mismo.

En algunos menhires de España encontramos figuras que se encuentran armadas con un martillo. Es el dios DONAR, (Dorna) germano que representa al THORN de la mitología nórdica con su maza en la mano que lanza a distancia para producir el rayo o la chispa. Sin la espina que punce, que hiera, no hay chispa, no hay brote de luz que emerja. En esto estriba la gran enseñanza esotérica de esta runa. ÁRMATE CON VOLUNTAD DE HIERRO Y TUYO SERÁ EL TRIUNFO.

Es también el símbolo de la reencarnación. Si FA ha sido el padre y UR la madre, THORN es el hijo y representa, por consecuencia, a la trinidad y es el emblema del cristo cósmico, de la Voluntad Cósmica. En los muchos escudos españoles encontramos la runa THORN del modo que la venimos describiendo y es una prueba evidente de que los nobles de España heredaron su heráldica de los pueblos nórdicos.

Como practica de esta runa y durante quince días, hay que colocar un brazo sobre la cintura o cadera describiendo la forma de esta runa. Este ejercicio debe hacerse por la mañana diciendo TA…TE…TI…TO…TU

Runa OS y TORN

Vamos a la siguiente, la runa OS que está bajo la influencia de Escorpión, que, así como la runa FA tenia los brazos hacia arriba, esta los tiene hacia abajo de este modo ᚠ y aun de este otro ᚤ que es la runa ODIL y OLIN en México. Así que, después de tener el brazo colocado en la cintura, se ponen ambos hacia abajo y luego ambos en la cintura para completar el *mantram* diciendo THORN … T…O…R…Nnnnn que, como sabemos, significa puerta en inglés y es, como si dijéramos, la puerta que se abre para el logro de los poderes internos. Bien entendido, que la puerta se abre si nos hemos cargado de VOLUNTAD y llamamos con insistencia.

OLIN en Azteca es el signo de QUETZACOATL, Dios del Viento, Dios de la Vida y así OLIN es la runa de la respiración. De manera que hay que cargarse, inundarse, de aire, vida, de prana, inspirando por la nariz y luego exhalando la respiración diciendo el T… O….R….nnnnn.

Armado, después, de voluntad y con el pensamiento fijo en crear fuerzas mágicas, una vez hecha a inspiración, se retiene el aire en los pulmones pensando siempre: Yo soy todo poder, todo voluntad, todo movimiento. En mí se realizan las runas espina y movimiento.

Desde este instante el discípulo debe imponer su voluntad, sentirse superior a los demás, hacer que prevalezca lo que él quiere sin herir a terceros, sin dejar de ser amable, cariñoso con todos, pero de nuestro conjunto de ser, ha de salir algo imperioso, que los demás digan: este hombre es fuerte, sabe mandar.

No hemos decir nunca: Eso o aquello no lo puedo, sino que hay que decir: **YO PUEDO**

Si el valor mágico-rúnico de la runa THORN es 3 o sea la Trinidad, la runa OS está representada por el 4 y las dos runas forman el septenario.

Las dos juntas representan, como hemos dicho, voluntad, acción, el Todo, pero también la muerte y la reencarnación el regazo, la boca, al Cristo como logos, la oratoria y la respiración. Sobre todo ello hay que hacer una concentración previa al hacer los ejercicios.

El discípulo debe meditar en que estas prácticas se componen de un septenario o siete cuerpos, uno enfundado dentro del otro, y que su aliento y su respiración, debe compenetrarlos a todos a la vez, produciendo en el interior como una amalgama, de tal manera, que el aire vaya a cada uno de los cuerpos que corresponda en la forma correspondiente también, es decir, más material o más sutil, para que actúe y accione en todos nuestros vehículos trayendo a nosotros el Cristo Cósmico para que nos conduzca al Origen Divino del cual hemos partido y hacia el cual hemos de retornar.

Pero antes de que se haga posible este último concepto, hay que tratar de actuar en nuestro organismo físico, en nuestro cuerpo, que es nuestro instrumento, valiéndonos de las prácticas y ejercicios que ha sido guardados cuidadosamente siglos y siglos por las sociedades secretas e iniciáticas entre las que siempre ha sobresalido la Fraternidad Rosa Cruz como guardadora de la magia rúnica.

Runa RITA

La última runa fue la DORN o Espina. Con ella nos hemos herido y hemos dominado los impulsos animales, es decir, nos hemos impuesto a nosotros mismos, haciéndonos nuestros propios dueños y señores para podernos manejar a voluntad, pues la runa movimiento, nos ha dado ese gran impulso mágico.

Si hemos cumplido con todo cuanto han demandado en nosotros las runas últimas, ya nuestra energía mágica penetró con todo el impulso de Olín (movimiento) por la puerta de los Misterios del mundo suprafísico.

No nos debemos de quedar, pues, en la puerta de ese santuario. Pero, ¿qué es lo que nos falta para seguir adelante? Nos falta la Ley. El ocultista sabe que Dios es la Ley…

La runa se llama runa RITA. RITA ha dejado su valor filológico en las palabras razón, rueda, religión, rojo, *recht, right* (justo, equitativo, en inglés) las cuales nos dicen lo que los nórdicos querían significar cuando hablaban de RITA, rito, ritual… Hoy día, la Ley es un conjunto de artículos. El diccionario, como primer concepto, da una buena definición del modo siguiente: «regla y norma constante e invariable de las cosas y fenómenos nacidos de la Causa Primera o de sus propias cualidades y condiciones». Y aún sigue diciendo en la segunda acepción: «precepto dictado por la autoridad en que se manda o prohíbe una cosa en consonancia con la Justicia, etc.».

¿Sabemos nosotros, los humanos, lo que es Justicia? No, en modo alguno. Hay uno solo, uno exclusivamente, único en sí mismo, que es el que sabe lo que es la Justicia y ese es Dios. Es Dios, porque él es la Ley y la Justicia misma y la fuente absoluta, suprema, de donde todo ha brotado. Así como la Verdad sólo a la Verdad comprende, así la Justicia sólo se comprende a sí misma…

Dios, por consiguiente, dentro de nosotros, es el único que debe dictar lo que debemos hacer o dejar de hacer y sólo a sus dictados, a su voz silenciosa, a su imperativo y tácito mandato, debemos obedecer y debemos escuchar. Él nos dirá en cada caso la última palabra cuando la duda corroa nuestras entrañas. Él nos indicará con su dedo invisible cuál es el camino. Si nos desviamos es que queremos marchar desoyéndole siguiendo la vereda tortuosa de los prejuicios sociales. Pero entonces, laboramos para la sociedad, para la mentira convencional, para la injusticia y es necesario laborar para Él, que es la Verdad pura y sin mácula, que es la Justicia Suprema.

Antiguamente la Justicia y su aplicación, como derecho, estaba unida a la religión y las sacerdotisas en los bosques nórdicos echaban las runas para conocer los designios de Dios, del Gran Todo. Hoy hemos ensuciado y rebajado ese Derecho Divino poniendo en manos de unos intelectuales materialistas, llamados jueces y abogados, la Justicia, y ellos se encargan de enredar y enmarañar esos conceptos humanos que hicieron unos legisladores políticos.

Es evidente que los rosacruces obedecemos a la autoridad y las leyes del país donde esté cada uno porque es un deber, pero no descendemos a bajezas como las que aconseja Krishnamurti en su libro «A LOS PIES DEL MAESTRO» en su página 43, traducción de Josefina Maynadé, cuando dice: «Si veis que alguien falta a las leyes del país, debéis dar parte a las autoridades». Eso que aceptan de plano los teósofos por venir de Alcione, nosotros lo rechazamos porque lo consideramos inmoral y digno sólo de un malvado. No. Resueltamente no. No nos es dado juzgar a un hombre por lo que de él opinen los demás que aplican esas leyes humanas de dudoso acierto. Nosotros apelamos a las Leyes Divinas y condenamos al denunciante que va ante una autoridad a acusar a un semejante suyo. Es para nosotros un ruin y un miserable. Los pueblos nórdicos celebraban ciertas reuniones periódicas llamadas *Thing*. En pleno bosque se congregaban los miembros del *Thing* y cada asiento era adornado con rosas y siempre cuando se aplicaba la justicia era la Rosa el símbolo de la rectitud. El derecho romano tenía como símbolo la balanza, y la espada era el símbolo de la pena impuesta, no así los Rosacruz nórdicos, en cuyos tribunales no se podía proceder sino bajo el símbolo de la Rosa con sus cinco pétalos, pues era silvestre. En la *Vehma*, aquel tribunal secreto de los westfalianos, sólo se daba el fallo poniendo una rosa como sello en los protocolos. En la *Eda* se da cuenta de un jardín de rosas siempre representando la Justicia. Unida a la Rosa estaba la runa RITA, que con cierto ritual mágico hacían proceder la Verdadera Justicia, hacían despertar la conciencia interna de los jueces para que procedieran con estricta justicia en sus decisiones.

JUEZ en todos nuestros actos, es nuestro EGO DIVINO, Dios en nosotros, y su voz misteriosa, lanzada con profunda verdad desde el fondo de nuestra caverna, es la que escucha con oídos sutiles aquellos que se prepararon para ello. Los nórdicos conocían ciertas prácticas que los romanos llamaron *jugum* y los hindues del Oriente dieron el nombre de yoga y formaron el *purna-tyaya-laya-mantram-tantra-karma-dhyana y bhakti* yoga que hemos experimentado durante años como teósofo llegando a la conclusión de que todo eso no son más que degeneraciones de algo primitivo, que ocasionan enfermedades, degeneraciones, locura y muerte prematura al europeo que los aplica. Para nosotros es el *jugum* occidental el que enseñaremos y estamos enseñando, es lo que nos corresponde y con ello llegaremos a despertar los poderes divinos dentro de nosotros, y dejamos a los engañados el *hatha* yoga, con el cual no han conseguido nada, ni lograron nada, pues no es para nuestra raza. Es único, soberbio para los habitantes de la India, y sobre todo muy al propósito para sacar el dinero del bolsillo de los turistas, al admirar los fenómenos de los faquires, pero no es, repito, para los de la raza goda-nórdica, ni para los que tengan sangre india de los toltecas o viven en España y América donde las fuerzas cósmicas actúan de diferente manera que en el Oriente.

Los discípulos rosacruces que han tenido durante años esta preparación mediante la lectura de las buenas obras teosóficas y han verificado posteriormente las prácticas de los diversos cursos herméticos, tienen ya su organismo libre de trabas complejas y de obstáculos y pueden ellos, con más claridad que otros, escuchar esa voz divina dentro de nosotros mismos, las prácticas de esta runa RITA les servirá para lograr determinada independencia personal por la que han de sentirse, por encima de las leyes humanas, íntimamente ligados a su Dios que ya para ellos, no es una entidad que mora trasponiendo el velo denso de las nubes, sino la Ley misma, el Poder, la Luz que dentro de ellos fulgura siendo su único Juez, su único Señor, su único Guía y Maestro. El valor numérico de esta runa es el 5 y, por consiguiente, simboliza la estrella de cinco puntas debiendo pronunciarse, rítmicamente la sílabas Ra… Re… Ri… Ro… Ru…

En la runa FA tuvimos que levantar los brazos. En la UR abrimos las piernas. En la T pusimos un brazo en la cintura. En la OS las piernas abiertas y los brazos en la cintura y en la presente, hemos de abrir una pierna y un brazo y en esta posición han de pronunciarse, vocalizando, las sílabas anteriores. Con estas posiciones verán los discípulos que son las runas mismas tal como se escriben.

Runa KAUN

La runa RITA con su oculto significado de Justicia y derecho, ha impresionado la parte positiva, la parte hombre. En nosotros ejerce su influencia en las glándulas de secreciones internas u hormonas masculinas y afecta al ritmo interno de 23 que ya nos es conocido por nuestros estudios sobre los biorritmos.

Pero no debemos descuidar por eso nuestro ritmo o parte femenina en nosotros y a ellos van dirigidas las prácticas de la runa KAUN. KAUN le llaman en los Misterios nórdicos y si bien la runa RITA está bajo la influencia de Júpiter (la personalidad), KAUN se halla sujeta a Venus, siendo su valor numérico 6 y las piedras que le corresponden la crisolita y el ágata.

Dicen en los Misterios, que es la RUNA DEL SOLSTICIO DE VERANO y que debemos cobijarnos bajo ella el Día de las Rosas, el 24 de junio. De aquí que tuviéramos que elaborar esta redacción en el expresado día separándonos unos instantes de las ceremonias que hacíamos en el templo. Un alto iniciado nos ha dicho que la runa KAUN es la espada del mago y nos fue sumamente difícil comprender cómo tenía este significado al par que el femenino. Espada y mujer nos pareció un raro contraste… KAUN, en nuestro ritual, son las fuerzas de *Nuit*, el principio femenino o ETERNO FEMENINO como le llama el gran poeta y filósofo Goethe.

El número 6 (sex en latín, *sechs* en alemán), tiene la misma etimología que la palabra SEXO…

KAUN nos da la base de la palabra alemán KÖNNEN (poder) y de CAN en inglés (puedo) y esto viene a develarnos algo más el misterio de la runa. Ella misma, en su rara estructura, se compone de la runa i y de un brazo, como en jarra, provisto de la espada del mago. Tengamos en cuenta lo siguiente. Al maestro o guía, llamaban los nórdicos KURU, cuya palabra se deslizó en la india con su mismo significado de guía y maestro. Pero, he aquí, que los pueblos nórdicos, no se dejaban guiar por magos hombres, sino tan sólo por sacerdotisas intermediarias o especie de mediums, por cuya boca hablaba solamente la divinidad… Así se explica este doble significado de la runa KAUN, espada y mujer a la vez.

Empero la mujer, la esposa, puede servir solamente de guía al hombre con quien está unida armónicamente y eso generalmente sucede cuando en el matrimonio los dos componentes son de la misma raza.

Puede que uno de los discípulos hermano o hermana esté unido en matrimonio con un ser de otra raza. Estos cumplen su karma, deben ser cariñosos y leales con el compañero, ya en otra ocasión cumplirán con esta ley importante en la época de Acuario. Esa época es muy larga sabemos pero en ella se formarán los guías de la humanidad nueva y todos deseamos ser padres o abuelos de uno de los hombres grandes que lleve nuestro nombre.

Por otro lado, tenemos glándulas masculinas y femeninas, ritmos de uno y otro carácter, y con los ejercicios de esta runa desarrollaremos los últimos.

Kan, Kon, Con, es una deidad egipcia cuyo significado es el de CUERPO ASTRAL. Hay que tener en cuenta que el ASTRAL es el intermediario entre el espíritu que nos invade, divino y eterno en toda su extensión, y el cuerpo material que poseemos. Ya con estas explicaciones los que se fijen y vean con ojos escrutadores, habrán observado que hemos descorrido lo más posible el velo de este Misterio.

KAMA, entre los indios, además de significar los deseos, simboliza también la UNIÓN SEXUAL.

La diosa FREYA, tenía como escudo la runa K y FREYA significa Redención de Pascua. Es la Ostara de los germanos. El escudo de los arcontes es una mujer o, más bien, un águila con cabeza de mujer. AR, dignifica SOL. Así que

MUJER-SOL es, pues, el principio femenino de las fuerzas solares que es el que debemos de aprender a manejar…

Difícil es la magia sexual cuando no hay una voluntad adiestrada. Por eso va la runa precedente, pues, sólo con las fuerzas sujetas a la voluntad podemos verificar las experiencias de la Alta magia Sexual.

Ritmo-Ley en todo es preciso antes de comenzar e ir más adentro en estos Misterios, porque mientras más tanteemos, más grandes han de presentarse a nuestra vista.

Y ahí nuestra lamentación. Un infinito deseo de darlo todo a conocer, seguido, sin obstáculos, a golpe de maza. Que todos sepan o supieran lo que nosotros porque es un sufrimiento inaudito no poder hablar y teniendo que enseñar, más aún, cuando nuestro propio ego nos impulsa constantemente a darlo todo blanco y limpio, puro y sin mácula. Pero es forzoso preparar, predisponer al oyente o al estudiante, hacerle reconocer y comprender que abra sus sentidos y que estos sean como los pétalos de una Rosa abierta al Sol a la espera de aprisionar toda la miel y de exhalar todos los perfumes.

KAUN es, por último, la runa de la procreación y nos manifiesta que para procrear el rosacruces debe conocer que se trata de un acto sagrado en el que debemos proporcionar un cuerpo o vehículo a un Ser Superior y no para un cualquiera. Si los rosacruces que heredan su sagrado y oculto saber de padres a hijos no hicieran esto, faltarían a sus deberes primordiales. Por consiguiente, debe prestarse a dicho acto con pleno conocimiento de lo que es y calculando las constelaciones para que éstas faciliten un nacimiento con todas las probabilidades de éxito espiritual, pero esto debe ser con mujeres de KAUN. Sobre todo, los pueblos nórdicos.

Los rosacruces fueron siempre los iniciadores de las grandes épocas. Hoy en la era de Acuario que se inicia, nuestra misión es la procreación de hombres sobresalientes y por eso debemos hablar de estos Misterios. Puede que no seamos comprendidos todavía, pero ya vendrá la época en que nos hagan justicia.

Runa HAGAL

Los indios mexicanos, los mayas, al preguntárseles por el nombre de Dios, respondían que Dios no tenía nombre y que era tan sólo una aspiración, un hálito y, para expresarlo, aspiraban como pronunciando una hache alemana. H es, pues, el principio del Logos, de todas las runas y de todas las palabras. En muchos dioses mexicanos encontramos este símbolo 🜊, mientras que en los dioses de Egipto hallamos el ankh ☥, pero se trata del mismo símbolo mexicano sólo que el egipcio forma después una cruz. De todos modos, tanto en la simbología mexicana como la egipcia, significa VIDA.

Así pues, la VIDA, es el origen de todo y Cristo dijo: YO SOY LA VIDA, es decir el Cristo-vital, la vida-cristónica o la sustancia-crística, como después la hemos llamado.

De este modo, el monograma de Cristo que encontramos sobre todos los cuadros antiguos, tiene el mismo significado que los anteriores aunque este conserva en la parte superior un semicírculo y todo el glifo ✕, en griego, significa LUZ. LUZ y VIDA en sí, son, por consecuencia, la misma cosa, tropezándonos con el conocido símbolo de Arahari ✖ (Sol Espiritual) y así la runa HAGAL es la más importante de todas, no habiendo pueblo en el mundo donde no se encuentre como el más preciado de los símbolos. En el Sur de Chile y en los cementerios de los mapuches existían antes —no sabemos si ahora también— más *hagales* que cruces sobre las tumbas y así vemos por toda América y Europa encontrándonos esa estrella de seis puntas. A veces hasta en el Oriente la hemos observado, aunque sea de característica del Norte.

En piedras antiguas, en Suecia, hemos encontrado esta palabra KRISMON ✖ difiriendo del monograma de Cristo tan sólo en el pequeño triángulo que está por ambos extremos, significando el macrocosmos y el microcosmos.

El emblema de Krishna es éste ⊕ y repetimos el de Cristo ✖. Fijémonos bien. Tienen del griego estas letras CH, R, X y P. En Latín sería CHRI y siempre significa LUZ. En una moneda de Ptolomeo, 300 años antes de la era cristiana, ya tenemos este mismo monograma y el nombre del Cristo. Así pues, el mito del Cristo existió, como muy bien refiere San Agustín, siglos antes del nacimiento del nazareno, significando en todo instante la VIDA, la LUZ,

ESA FUERZA SOLAR que los antiguos veneraban y que fue utilizada por Jesús para darle forma concreta.

La etimología del nombre de Cristo, es *Aristos o Haristos*. Los griegos y muchos otros pueblos hasta el presente cambian la H por K, G, I y CH.

AR, es el Sol, luego Cristo, el Ungido, es HOMBRE DEL SOL. AR, HAR, HARI, HARA era para los hindúes la conexión de Siva y Vishnu y de ello se forma HARO, el alto, el selecto, el mejor. ARISTO, lo mejor. Aristocracia, viene de ARISTOS, lo mejor y de KRATOS, fuerza. Puede traducirse por LA MEJOR FUERZA.

Del HARI hebreo, salió el HERES, Sol y HARIS, en árabe, significa el sostén, el guía. HARIS CHRIS, AAR, Sol y HARI, alto. Podemos decir EL ALTO SOL.

Superpuestas dos runas HAGAL, resulta la estrella de doce puntas, o sea la columna de ADÁN KADMÓN, los 12 asientos de los Príncipes del Grial, del Rey Arturo, los doce apóstoles y los doce signos zodiacales. Si separamos esas runas partiendo los brazos de arriba y los de abajo, significando una al hombre y otra a Dios, tendremos la reunión del hombre con Dios.

Los maestros dicen que HAGAL, como runa, significa lo INTERIOR, nuestra conexión con las fuerzas divinas. Esa runa, aplicada, da confianza el signo mismo pues es de reconocimiento de que somos dioses y estamos en posesión de las Fuerzas Divinas. Significa triunfo, aunque tengamos una runa especial para el triunfo, pues como HAGAL contiene todas las runas, encierra también la Fuerza del triunfo. Su valor numérico es el 7. Recordemos nuestra composición septenaria y las tantas otras aplicaciones que tiene este número simbólico. La *Edda* habla del CANTO DE LAS RUNAS y ese era el canto que se entonaba en la celebración de los Misterios.

Hoy aprendemos muchas cosas de memoria, pero lo que se exige en la escuela retener con respecto a la poesía es muy poco. Los poetas no tienen ya el mérito de antes. Tácito, que vio celebrar a los germanos sus Misterios, dice que ya desde niños tenían que aprender esos cánticos rúnicos que se componían de 1.500 versos. Ya hoy se ha perdido el valor de esos versos. La *Edda* misma está en versos que suenan muy armoniosamente y muy líricos cuando son declamados, aunque, incluso a los que sabemos alemán, ya nos cuesta nuestro trabajo comprenderlos.

Las letras hebreas, aparte de que servir para expresar ideas y pensamientos, tienen al mismo tiempo y por separado un valor numérico y un valor simbólico y, por encima de todo, son acumuladores de fuerzas. Es en este último sentido como más nos interesan. Para nuestros antepasados, las letras eran sagradas y sólo podían ser empleadas con fines sagrados. Hoy las letras si bien sirven para propagar las más grandes verdades, con ellas se cometen los más grandes crímenes al difundir revistas obscenas y pornografía o mentiras políticas y sociales. Los antiguos nórdicos tenían un respeto sagrado por las runas y nadie hubiese sido capaz de profanarlas para divulgar mentiras. Por este mismo respeto a las letras rúnicas, era por lo que redactaban todas sus leyendas en verso y el verso cultiva la memoria. Por esta razón, el rosacruz debe amar la poesía y tener como hombres privilegiados a los poetas. Ahora que no es el poeta el que versifica espontáneamente la magna concepción de su pensamiento y de su idea, intuye en el acto de escribir las más grandes concepciones que le dicta su propia personalidad hecha Dios en ese instante.

En Suecia hemos visto hace poco multitud de piedras rúnicas que tenían grabadas leyendas tan sobresalientes como la de Sigfrido con el dragón y alrededor del cuadro, las mismas runas iban describiendo el hecho.

En Boualan, donde existen esas grandes moles de piedra y cuyas inscripciones se suponen que tengan 60 000 años, se aprecian arados y hombres conduciendo bueyes, armados al par de una lanza como símbolo del sacerdocio. Quiere decir esto que la labor del agricultor es obra sagrada.

Los estudiantes de las runas deben, pues, hacer todas las cosas poseídos de un sentimiento religioso. Nosotros somos depositarios de todos los bienes de la Tierra, pero no somos sus dueños. Los dueños son nuestros Dioses, es decir, esas fuerzas universales omnipotentes que podemos seguramente personificar. Un discípulo hubo de preguntarnos cierto día: ¿Creéis en un Dios Personal? Hasta cierto punto, le respondimos. Pero confuso por nuestras respuestas, y protestando de su ambigüedad, exigió un SÍ o un NO, a lo que respondimos: SÍ y NO.

Las fuerzas son impersonales y así es las sustancia crística, pero ella toma en nosotros forma corporal y por ello seguimos diciendo al Discípulo: creo en usted, que es un Dios Personal encerrado en un cuerpo físico. ¡Líbreme de él!, nos respondió el Discípulo. Lo haremos, desde luego, le contestamos, pero no matándolo, sino aminorándole poco a poco la fuerza y dándole más Fuerza, lo cual le pareció más paradójico aún. Y así es, en efecto. Al ejercitarnos con las runas, que así pueden llamarse nuestros ejercicios, el cuerpo gana en fuerza física, pero pierde evidentemente en agilidad espiritual y esto da poder para hacer más fuerte la Dios en nosotros.

Comencemos por la vista para sacar las fuerzas de esta una grandiosa. Concentremos nuestro pensamiento sobre el Gran Todo, sobre el mundo Invisible, con todos sus habitantes, que los nórdicos llaman valquirias y nosotros elementales (Sílfides, gnomos, salamandras, ondinas), llamándolos en nuestro socorro y con ello entramos en el terreno de la magia práctica. No podemos vivir sin esos seres.

Hagamos, pues, la runa de ellos sobre un papel blanco así: ᚷ, y mirémosla durante algún tiempo para luego levantar la mirada un metro más arriba y allí veremos la imagen invertida. Se trata de un efecto óptico, de momento, pero nos ayudará en ejercicios posteriores.

Runa NOT

Existe un signo en la masonería llamado de «Peligro» o «Socorro». No es habitual hacérselo conocer a todo aprendiz, pero desde luego los Maestros lo saben aunque, en cualquiera de los casos, no tienen ya idea de lo que significa, dado que la masonería perdió su carácter iniciático y los masones desconocen el verdadero sentido oculto de signo tan particular.

La masonería ha materializado todo su rito y es bien seguro que para los francmasones este signo de «Peligro» o «Socorro» significa un S.O.S. de peligro puramente material, y hay que reconocer que en los tiempos actuales ésta es la única significación. Ya durante la Gran Guerra, este signo salvó la vida a más de un prisionero que hubiera sido fusilado de no haberlo hecho en momento oportuno. Pero…, ¿qué significan los peligros de la vida material frente a aquellos otros que amenazan nuestras almas?

Es contra estos últimos contra los que debemos precavernos en primer lugar. El masón, al efectuar el signo de que venimos hablando, lo hace sobre su cabeza y describe una runa, la runa NOT de los antiguos. NOT, significa netamente «peligro», pero en la misma runa se encuentra el poder de rechazarlo.

Desde el momento en que el estudiante de ocultismo actúa sobre planos superiores –y esto sucede siempre que se hacen prácticas ocultas– no sólo llama y hace venir fuerzas positivas protectoras, Dioses, en una palabra, sino que también llama la atención de las fuerzas negativas, fuerzas nefastas, demonios o bajos astrales que inmediatamente deben ser rechazados y para estos fines se utiliza la runa NOT, que viene a ser de un poder extraordinario.

En la runa NOT, están los preceptos de la noche, de la nada, de las normas del karma, del peligro y de la muerte. Unida o cerrada significa la VIDA y es de este modo como nos la encontramos en México y aún como ankh en Egipto. Sabemos que karma es la ley del justo equilibrio y de recompensa. Premio y castigo nos viene en esta vida para nivelar o equilibrar las virtudes o defectos que hayamos tenido en vidas pasadas. El karma no es ciego, es decir, no es que tengamos que poner nuestra mejilla para recibir la bofetada que dimos a otro en una vida anterior.

El karma se puede agotar y cancelar también mediante las buenas acciones en general y también por medio de la magia. Se dirá que esto lesionaría la Justicia en sí, no por cierto. El que haya desarrollado los poderes ocultos, tiene que haber logrado virtudes bastantes y vibraciones homogéneas a esa Virtudes que no podrán por menos que producir su efecto.

Con las prácticas de la runa NOT, se cancela karma y nos preparamos para un porvenir dichoso. Los antiguos misterios nórdicos, al explicar esta runa, decían: NO TE OPONGAS A TU KARMA, CANCÉLALO, e inmediatamente entregaban esa arma sagrada de cancelación. El que de ello dude, es decir, del poder de esta runa, su práctica le hará reconocer sus efectos.

El karma nos amenaza constantemente y la misma intuición podrá decirnos cuándo se nos acerca un sufrimiento al cual debemos someternos ya que nos lo hemos merecido. Pero el mago que sabe manejar las runas no espera que venga esa especie de castigo, sino que lo evita haciendo las prácticas de la runa NOT.

La runa presente es también la runa del matrimonio por cuanto que el hombre, absolutamente solo, tiene fuerzas parciales, como es a la vez unilateral la mujer soltera. Unidos en matrimonio es como se acoplan los poderes positivos y negativos para formar así una corriente de tremendo y eficaz poder. El celibato es, pues, la renuncia a esa fuerza como lo es la abstinencia sexual absoluta, pero ambos sexos unidos cuando los protagonistas se unen en un abrazo verdadero de amor cubriendo el varón todos los centros astrales de la mujer, engendrando una poderosa fuerza capaz de hacer milagros inconcebibles y ya nos guardaremos muy bien de darlos a conocer tan prematuramente a aquellos a quienes aún puede hacer daño cierto descorrer del velo misterioso.

Todos los sacramentos religiosos son operaciones de magia hasta cierto sentido y el matrimonio es la perpetuación de una magia que puede ser blanca o negra según como sea el ánimo o la pureza del amor que ambos contrayentes aporten. Por eso, aunque respetamos a muchas parejas unidas sin recurrir a la iglesia, desde luego sabemos que no podrán movilizar fuerzas rúnicas como las que movilizan los legítimamente casados. De aquí que constantemente recomendamos a los sacerdotes gnósticos que celebren con las parejas casadas o sin casar el ritual del matrimonio conectándolos a la grandiosa cadena de fuerza ingente.

Hay sin embargo una pequeña diferencia entre la runa EHE y la NOT de los antiguos. Unas veces atraviesa el palo horizontalmente. Otras, de izquierda a derecha y otras, de derecha a izquierda. Como veremos más adelante, la raya horizontal es la runa del YO y ese YO, ese símbolo de la individualidad, es atravesado por otras rayas formando una cruz griega.

No es difícil deducir cuanto hay tras de esas runas NOT y EHE tan semejantes, pues siempre ponen en guardia a la persona del peligro que la amenaza cuando algo se le atraviesa en su camino para perturbarle o trastornarle.

En los Misterios, al estudiarlos, aplicaban de nuestro abecedario las consonantes H y CH, sobre todo, la N y muchas palabras con N como nudo, nota, noticia y aún el noscete (conocimiento), que nos recuerda del valor de la runa NOT. En la palabra eje, está el valor de la otra forma de la runa. El eje alrededor del cual todo gira.

Las prácticas de esta runa nos lleva a la respiración solar y lunar llenando el pecho primero con aire que debe entrar por la fosa nasal derecha y debemos expulsar después por la izquierda contando hasta 12. Una vez avanzadas estas prácticas, aconsejan los iniciados que se deje de contar y en ese lugar (en que antes se contaba) debemos recordar un hecho cualquiera del pasado que se haya grabado en nuestro subconsciente.

El objetivo es llegar con el recuerdo a vidas pasadas y recordar las malas acciones con las cuales engendramos karma y que ahora queremos sanar con las prácticas presentes. Las prácticas de gimnasia consisten en abrir los brazos y una vez así, formar una runa abriendo un brazo que forme un ángulo de 135 grados y el otro de sólo 45.

Durante el ejercicio hay que decir ni… ne… no… nu…na… procurando que el sonido o la vibración correspondiente vaya a la punta de los dedos, pensando siempre que despierten en nosotros las fuerzas defensivas y protectoras. Hacedlo así con la calma y quietud correspondientes y su resultado os favorecerá y os dará el mágico poder de tan interesante y misteriosa runa.

Runa IS

La runa IS, con la que continuamos hoy, es de extrema importancia por tratarse de la runa del YO, es decir, del EGO. Hemos aprendido que la runa del hombre es simbolizada por una raya vertical con dos brazos en descenso o que tienden a tierra mientras que inversamente cuando los brazos tienden hacia arriba o se levantan, nos representan la runa Dios. Fácilmente se observa que entre el hombre y Dios o el ego hay una diferencia notable, siendo al mismo tiempo lo mismo.

La runa es el hombre mago, el YO mágico, el YO voluntad, el YO telema, el YO poder. Es curioso y deja mucho que pensar su valor numérico. La cábala nórdica dice que representa tanto el 1 como el 9. Sabemos que el 9 es el número de la humanidad y como el 1 es lo individual, quiere esto decir que cuando se une el hombre con la humanidad, y esto puede suceder mediante el amor, forma el 10 que es la representación genuina de la Divinidad. Si el número 9 como número es un palo puesto a la derecha del cero, este mismo 9 es el 10 figuradamente. Sobre esto hay un misterio en que debe meditar el Discípulo. El Signo de Atención, tal como lo conocemos, es también un hombre parado sobre o flotando en un punto y de este modo el militar en el comando de atención, hace la runa IS. El hombre, es pues, el mago, el hombre que sabe manejar sus poderes internos.

Nuestra misión es preparar a los discípulos a la magia blanca, hacer hombres de acción, de voluntad propia, para que puedan triunfar en todas las circunstancias de la vida. Si el HOMBRE es sólo el mago. Quiere decir que los demás no son hombres enteros, les falta y lo que les falta es VOLUNTAD, SABER QUERER, en esto está la clave y todos los símbolos así lo enseñan.

HOMBRES DIOSES, HOMBRES DE IS... se requieren. Hombres que sobresalgan, que cuando se les ve se diga: ¿qué tiene ése...?, ¡es todo un hombre!

Otras sociedades, y por desgracia también los teosofistas, han dado por desarrollar a muchos tipos afeminados con melena larga, llenos de ideas pero que fracasan en la vida práctica. Muchos monumentos que la historia ha considerado como fálicos no son más que monumentos de la runa IS, pero los constructores de esos mismos monumentos sabían también la relación que existe entre el mago y el *phalus* y que la base de toda magia es la magia sexual. Kundalini, la serpiente de fuego, que tiene su exponente en el miembro viril, es la que debe ser despertada para lograr las grandes obras del mago. En manos del monarca, es el cetro como símbolo de mando y la palabra CETRO viene del lenguaje primitivo como SKAPTAR que significa creador, productor, etc. El hombre es una runa viviente, posado verticalmente sobre la Tierra como rey y señor. En esta posición es acumulador y antena de las fuerzas cósmicas tal como hemos aprendido en el *Curso zodiacal*. La cuestión es hacer esa runa y personificarla conscientemente. De este modo el hombre se convierte en verdadero mago. No olvidemos que esta antena puede atraer, en la misma posición, ondas buenas y malas y hay que permanecer con toda atención para rechazar siempre las malas y aprender sólo a recibir las buenas para nosotros y nuestros semejantes.

En la vocalización hemos aprendido que las vocales corresponden a determinadas partes del cuerpo y que la I, tono de esta runa, ha de sonar y tiene su resonancia desde los pies hasta la cabeza. El hombre en esta runa es la conexión entre la Tierra y el cosmos, entre las fuerzas terrestres y Dios. Todas las runas que hemos conocido hasta ahora llevan intrínsecamente la runa IS pues todas tienen ese palo vertical sin excepción alguna.

La runa IS es el eje, o aún mejor, la prolongación del eje del mundo donde, desde el centro de nuestro Globo, afluyen las fuerzas constantemente.

Schopenhauer ponía en el centro de todo la voluntad y así esta runa representa también la voluntad, pero la voluntad como movimiento, es decir, de mover sin ser movido y en ello radica el gran secreto.

Llevemos nuestra imaginación hacía la Cruz. Ahí también tenemos la viga vertical atravesada por la horizontal. Si la vertical representa al Dios-hombre, la horizontal en cambio, simboliza al demonio o principio negativo.

La Cruz nos enseña que somos una mezcla de Dios y de demonio.

En esta runa falta la viga horizontal y conserva sólo la viga Dios, pues Dios es tan sólo cuando nos concentramos en la runa indicada. Sin embargo la misma runa-Dios, con los brazos abiertos, no está exenta por completo de la parte negativa y se puede pensar en un Dios Personal o en un ángel ya que la Deidad está representada en ella en toda su pureza de concepto divino y uniéndole la voluntad, asimismo divina, tenemos la formación del super-hombre o el hombre mago.

IS es también la lanza que se abre paso para obtener el triunfo, para lograr el éxito, armada con todos los principios que posee, como ya lo hemos relatado al explicar sus diferentes fases. Cuando los Misterios egipcios estudiaban dicha runa, expresaron que su valor principal consistía en su bipolaridad y se escribía IS, IS, o sea Isis (la naturaleza) siendo su forma primitiva la de Ist. Por eso en los Misterios de Harpócrates se daba tanta importancia a la pronunciación de la sílaba IST. HAR-PO-CRAT-IST… *Mantram* poderosísimo que abre paso a una gran Deidad o fuerza del Invisible. Isis es la parte femenina en los Misterios y la runa IS es considerada como esencialmente masculina. Pero los principios masculinos y femeninos no se pueden separar definitivamente. SON UNO como poder la virilidad masculina y el eterno femenino.

Meditemos un instante sobre la S de ISIS. En el lenguaje primitivo sus líneas no eran curvadas, sino angulosas y entonces resultaba la runa de la victoria la SIG. Hoy el saludo hitleriano en Alemania es SIEG HEIL que es un *mantram* que el pueblo pronuncia sin darse cuenta a cuyo uso se debe en gran parte el triunfo de las ideas nacional socialistas. Ya el Discípulo tiene un cúmulo de ideas inherentes a esta runa y terminamos dándole la práctica.

IS, I, la personalidad, se convierte en individualidad al levantar verticalmente los brazos para formar una línea recta con todo el cuerpo y entonces, una vez hecha la meditación de todos los aspectos de IS mentalmente, se trata de atraer hacía el operante las fuerzas cósmicas pronunciando siempre la vocal I I I I I I… Con esto, tan sólo, las puertas de lo astral se abren más y más.

Runa AR y ZIG

Pasamos hoy a conocer dos runas: La AR y la SIG o victoria. La una es terrestre y la otra celestial. Una corresponde al plano material de las 4 ROSAS y la otra a las 3 ROSAS precursoras de los tres principios superiores.

AR en lenguaje primitivo, significa SOL. De ahí, viene ARIO, ARISTO, AREAL. Como medida nos da a conocer una porción de terreno. Ahora que esta runa en el lenguaje primitivo era llamada ARA que es la otra denominación por la cual se la conoce.

ARA significa ALTAR. Sobre ese altar se ofrecen los sacrificios y se trata de una piedra pequeña que descansa directamente sobre el altar mismo donde se deposita el Cáliz. De aquí la frase que tenemos en español de ACOGERSE A LAS ARAS, para significar el refugiarse o tomar asilo, y que en castellano muchas palabras comiencen con este prefijo. Así ARAGÓN, ARANDELA, y el ARAM de la Biblia. En idiomas arcaicos y en escritos antiguos, este mismo prefijo se advierte en muchas palabras. Recordemos que la lengua ARAMEA fue la que habló Jesús, el representante de la Luz. La ARANZADA es una medida agraria muy antigua de Castilla. El ARARAT fue la montaña donde descansó el arca de Noé. Pudiéramos seguir llamando la atención de nuestros discípulos sobre tantos otros vocablos similares, pero nos limitaremos a aquellos más salientes y que pudieran tener una mayor trascendencia para nosotros, y los que tengan conexión con el culto solar y fuerzas de Luz.

Es bien curioso, que en los textos original es Abraham, el Profeta, no se llama así, sino AR-BRAHAM y con este nombre se lo denomina. ARMANO era llamado el hijo del SOL. AAR es la palabra originaria del FUEGO o, aún mejor, el FUEGO CENTRAL. ARAHARI de los hindúes es el nombre del Sol Espiritual. ARIMÁN era el Lucifer o hacedor de la Luz entre los persas.

El valor numérico de AR es el 10 ⊕, o sea, el símbolo del hombre-Dios.

Es también curioso que el año en alemán, se llame JARR O JAR. J es el ego y AR el Sol.

Luego el EGO SOLAR está representado por el año. El ADÁN KADMÓN, el hombre universal, en lenguaje primitivo, el JAR-MAN, u hombre del Sol Universal, HIRAM de los masones, el constructor del Templo de Salomón, se llamaba en los textos antiguos HARAM. ARMONIA viene del mismo ARA antiguo. Del griego ARI recordamos a ARISTÓTELES, y a ARISTÓFANES. En castellano no existen muchos apellidos. Los que se denominan ARIAS, o algo semejante que principie con AR, son todos nobles, hijos del Sol. Yo invito, para que no se me tache de fantasioso, a estudiar la heráldica y el origen de los idiomas y se encontrarán cosas sorprendentes. En el idioma de los mayas, se escribiría la letra A de este modo ⊙ △ y en Egipto de éste otro △ ⋀ . Recordemos asimismo la palabra P-AR-ADISO. El Paraíso, el Jardín solar del Edén. Antiguamente se ponía la runa-cielo así Ⅴ y la runa –Tierra con la punta al lado contrario de este modo ⋀.

Para terminar llamaremos la atención sobre los AR-GO-NAUTAS que, según la leyenda griega, iban a bordo del ARGOS en busca del Vellocino de Oro lo que, sin género de dudas, dio origen a la orden del Toisón de Oro que fue instituida por los rosacruces.

Todas estas indicaciones deben de preocupar al neófito y hacerle reflexionar sobre el valor de esta runa, que es el símbolo primitivo del YO DE LA LUZ dentro de nosotros. Es lo que dice Jesús: YO SOY LA A Y LA O, el Alfa y la Omega, el principio y el fin… Así pues, la runa AR es el principio de la Fuerza Solar que en nosotros mora. En la cábala nórdica, AR significa cambio y corresponde a la Luna. Los discípulos deberían pronunciar el *mantram* A… RI…

O… para prepararse a la ascensión del sol a la runa SIG… Hemos aprendido ya que en el lenguaje antiguo y primitivo los símbolos tienen las fuerzas en sí mismos y que manejando las runas llegamos a la Fuente de la Luz, a la iniciación y pasamos a la runa SIG.

Runa SIG

La runa SIG, significa el poder espiritual y numérica-mente corresponde al 11. Después del **Λ** siguen dos egos, es decir, el ego material y el ego divino. SIG es la runa del Sol misma y su símbolo, como letra, es la S o sea el Infinito. S.

Al mismo tiempo que los antiguos decían SOL , decían también SAL. (SOL-OM-OM no es otra cosa que SALOMON). De ahí proviene la palabra SAL-UD. Tiene esta runa la forma del rayo. SALVE decían los antiguos romanos y levantaban la mano para hacerla descender en esa forma de zig zag. Aún existen hoy ritos secretos donde se ejecuta ese mismo movimiento. Es significado del triunfo, de la victoria. Ningún masón moderno sospecha que sus señas de reconocimiento no son más que descripciones de runas y que los masones primitivos las tomaron de los druídas.

En las logias de druídas se dan esas explicaciones hasta hoy día, pues allí se conserva más el antiguo saber que en la masonería. Después que el hombre ha comprendido el significado de la runa anterior y se ha tornado hijo del Sol, es decir, ARIO, entonces le corresponde la victoria, el triunfo… Sólo así se consigue SAL-UD.

Los duques antiguos, los cabecillas de los nobles, llevaban como símbolo esta runa que, como observará el discípulo, es una Z, es decir la Omega a que se refiere Jesús al decir YO SOY EL ALFA Y LA OMEGA o el Principio y el Fin. Esas dos runas encierran el poder de todas las demás.

Hay mucho para meditar en estos ejercicios de A y Z, AR y SIG…Dejamos para una instrucción final la explicación de cómo se pueden curar todas las enfermedades con las runas y daré una nomenclatura de las mismas.

Las runas sirven también para echar la suerte, como se hace con las cartas, pero es mucho más seguro y una ciencia muy antigua que vamos a hacer revivir.

Sólo llamamos hoy la atención sobre que dicha runa SIG es la que devuelve la salud perdida.

El arqueólogo o palcoepigráfico, Wirth, dice que SIG es el SOLO CENTRAL y le llama SULU-SIGI-SIG nombre también de la serpiente, es decir, de *Kundalini* o fuerza sexual en nosotros. Es notable que la estrella de cinco puntas, el macrocosmos, no sea otra cosa que una repetición constante de la runa. SIG os sɪz llamaban también los antiguos al *falus* o miembro sexual y así volvemos de nuevo por la magia rúnica a la magia sexual.

En *La cábala* de Papus, encontramos ese signo como signo de todos los conjuros en la Luna, Mercurio, Venus, Sol, Marte, Jupiter y Saturno y figurando siempre como nombre de los ángeles. Los magos dicen que no hay ningún conjuro posible sin emplear el dibujo de esos nombres. Pueden los hermanos que tengan obras de magia, verlos en ellas. Es el único constante en la magia ceremonial. Nadie, ni Fausto ni Eliphas Lévi, hubieran podido evocar si no hubieran empleado dicho signo. Él es quien da el triunfo. Es el sello universal, la fuerza que se abre paso como el rayo…

Todo el mundo que use armas para defenderse, deberá poner esa runa. En nuestros tiempos de militar la llevábamos siempre en nuestra espada incrustada como un amuleto. La práctica es, pronunciar los *mantrams* anteriores describiendo con la mano y el dedo índice extendido, el rayo… con la mente en esta consigna: YO QUIERO VENCER EN TODO. ASÍ SEA.

Con el presente curso sólo puedo tocar a la ligera los grandes secretos de la magia Rúnica, anterior y superior a la cábala, ya más tarde el mundo oculto sobre todo los teósofos me agradecerán haber sido el primero que abordé estos problemas grandiosos, de los cuales ya no se tenía idea y que la misma Blavatsky no sospechaba.

En la presente instrucción hay mucho que aprender, sacar entre líneas si el discípulo se toma el trabajo de meditar y de ensanchar con su mente las cosas.

Runa TYR

TYR o TIR, es la runa que continúa y, desde luego, su denominación determina que en España hubo civilización nórdica y dejó ese nombre del dios nórdico repartido por muchos lugares, ya que en la España antigua se conocían una ciudad y un río con el nombre de TYRIS, según menciona Avicena.

TIR-ESIAS, el famoso adivino hijo de Everes, recuerda que existe un instrumento llamado TIRIS que poseen los japoneses para su magia ceremonial. TIREO era también uno de los nombres de Apolo cuando ejercía de Guardián del Umbral en las iniciaciones. Recordemos también, al rey de Tiro como símbolo masónico y, sobre todo, al zodíaco, que no viene de los animales, sino del Dios TIR, apara darnos cuenta de la importancia de esa runa que ha dado nombre a tantas cosas, personas y lugares…

La runa representa a la TRINIDAD pues está formada de tres brazos, pero es, asimismo, la TRIADA en movimiento, en circulación, es la rueda del SOL.

Dice la mitología nórdica que WOTAN, el dios germano y maya (mexicano) a la vez, cuando descendió del Árbol de la Vida, encontró las runas, hallando primero la runa TIR. OL significa ALMA y TIROL alma del Dios TIR. Recuérdese el TIROL, esa región que antiguamente pertenecía a Austria, donde existen muchos recuerdos arqueológicos. En manuscritos antiguos se equipara esta runa con la runa de la reencarnación y del triunfo sobre la vida, en nuestro alfabeto representa la T o TAU griega y de ahí que sea la runa esencialmente rosacruz.

Nos dice también la mitología nórdica, que cierto día el Genio del Mal se había convertido en LOBO poniéndose a jugar con los mismos Dioses sin que estos se dieran cuenta de quién era. Pero, una vez reconocido, fue necesario que uno de ellos se sacrificara y entonces se ofreció TIR poniendo su brazo entre las fauces del LOBO. Éste se lo cortó de raíz. He aquí una bonita enseñanza para nosotros los rosacruces: UNO PARA TODOS, es decir, UNO siempre dispuesto a sacrificarse por los demás…

Cuando se usan las runas como vehículos para conocer la suerte, esta runa significa, cuando cae con la punta para arriba, la VIDA, y si contrariamente apareciera con la punta para abajo, la MUERTE.

Esto quiere decir, que cuando con fuerza de voluntad y carácter nos presentamos ante las dificultades llevando el escudo de la entereza, salimos indudablemente vencedores. Pero si nos debilitamos y abandonamos, seremos vencidos. Así pues, siempre para las cosas elevadas hay que estar frente al SOL.

Los pueblos nórdicos consideran esta runa, grabada sobre madera o piedra, como talismán, es decir, como potencialidad atractiva de suerte y es que significa ARMONÍA. Es la representación de trío CUERPO, ALMA Y ESPÍRITU y de los tres estados de la materia SÓLIDO, LÍQUIDO Y GASEOSO. Está en ella también latente el Gran Todo, pues significa a la par el PASADO, PRESENTE Y PORVENIR (los tres enigmas del tiempo que allí donde se cierra el círculo, se desvinculan y forman una sola cifra) y con ello el NACIMIENTO, EL SOSTENIMIENTO EN LA VIDA Y EN LA MUERTE.

Las prácticas correspondientes son colocar los brazos en alto y bajar las manos a semejanza de conchas, pronunciando largamente el T I I I I I I R. Así despierta la personalidad por el impulso que se le da con la T o TAU, la Sangre mediante la I y la circulación mediante la R. Dicen los Tratados que con estas prácticas puede ser curado el reumatismo y las enfermedades del corazón y todas cuantas tengan relación con la circulación de la sangre. No obstante, estas prácticas no deben hacerse solas, sino unidas con las de la runa siguiente denominada BAR.

Runa BAR

La runa BAR nos recuerda el nombre de la Tierra, BAR, al mismo tiempo significa en Sirio, hijo. Así, pues, podemos traducirlo por HIJO DE LA TIERRA. También trae a nuestra memoria a BARA o medida primitiva equivalente a una tonelada.

Ya hemos dicho antes que AR es el nombre del Sol y colocando delante de AR una B, traemos, pues, ese Sol a la Tierra. AR-BAR-MAN es el nombre primitivo de Abraham. Barón (BAR-ÓN) o sea, hijo de la Tierra, del terruño. Su forma es como una M posando oblicuamente sobre una viga vertical y encierra en sí, del mismo modo, a la runa SIG o victoria. Por el otro lado se ve un determinado parecido con el símbolo de ACUARIO y este símbolo en maya o en egipcio. Así lo copió Plongeón de los monumentos del Yucatán y Bunsen de las pirámides de Egipto. Son algo así como dos montañas que encontramos entre los mexicanos en los rituales de ultratumba cuando el alma tiene que pasar necesariamente entre estas dos montañas, recordando al par el cuadro famoso de Durero titulado «Entre Dios y el Diablo». Esta runa es parecida también en su estructura a nuestra letra B.

Mientras TYR, que es lo alto, lo elevado, el macrocosmos, BAR, en tanto, es el microcosmos. La runa par-paris del latín, quiere decir que es par o igual o aparejada con la TYR. De ahí viene también la etimología de partir y de parir, es decir, hacer pares, mitades o parejas.

Cristo en ARAMEO, es por consecuencia, BAR-HAM, o sea, Hijo de hombre, Hijo de la Tierra y del Cielo. Recuerden los estudiantes de la teosofía orientalista el MANAS o Espíritu Superior. BAR-MANAS es, sin duda Hijo del Espíritu Superior de la Tierra.

Lo más curioso es que en el lenguaje o idioma primitivo se usa la palabra BAR lo mismo para nacer que para subsistir y morir. Era, pues, como ya hemos mencionado, el pasado, el presente y el porvenir, los tres enigmas del tiempo. La trinidad en los misterios solares se llama TRI-BAR. En esto consiste también que la muerte signifique para el Iniciado un nuevo nacer o renacimiento. Cuando Jesús decía «DEJAD QUE LOS NIÑOS VENGAN A MÍ», se refería a estos nuevos nacidos o renacidos. BAR termina con el significado tenebroso de la muerte.

La historia debe corregirse en una gran parte y cuando ya no seamos esclavos del romanismo, así se hará. Los griegos y romanos llamaban BÁR-BAR-OS a los extranjeros y por esta causa con el tiempo se creyó que sólo entre los griegos y romanos existía verdadera cultura y civilización. Bárbaros eran los nórdicos que adoraban al Sol cuando ya los griegos y romanos habían olvidado este rito y habían perdido la clave confundiendo sus símbolos y sus Dioses con los hechos y las leyes mismas.

Las runas tienen su correspondiente signo zodiacal y así corresponde TIR a Piscis y BAR a Aries. Esto nos enseña que después de morir un año ya nace el nuevo, que es como la serpiente que se muerde la cola, como símbolo de la eternidad. Esa unión es otro motivo para que se den siempre en las prácticas estas runas unidas.

BAR numéricamente vale 13. Muchos consideran este número como cifra de mala suerte, pero entre todos, nosotros la consideramos buena.

Es la Tierra, pero la Tierra Santa influenciada, unida a TYR, al zodíaco, al Sol y a sus fuerzas respectivas. No podemos concebir nuestra Tierra sin el Sol. Acabándose el Sol terminará, sin duda, muerta de frío la misma Tierra y es que Tierra y Sol son tan inseparables como TYR y BAR.

Por eso deben hacerse los ejercicios tomando una posición que sea frente al Sol, con las manos levantadas, como ya se han descrito antes y diciendo como *mantram* o vocablo sagrado T I I I I R R R R B A A A R R R R Y con esto unimos las fuerzas superiores del Cielo con todas aquellas que son nuestras condiciones físicas.

Runa LAF

Llegamos a la runa LAF que significa vida. Es el LIF de los ingleses y nuestros artículos EL, LE, LA, LO de que disponemos en el idioma castellano. Todo ello quiere decirnos que en el instante mismo en que disponemos de algo o somos dueños de alguna cosa, podemos anteponerle el artículo para darle vida. Así la piedra, el aire, son cosas vivas y que tienen una existencia positiva.

Tanto en el Norte como en América misma, encontramos a estas dos runas sobre piedras donde se lee LAFTAR y quiere decir SALVADOR. En ambas sílabas se encuentra también el misterio de la palabra o *Logos* o Luz que tiene en sí la fuerza primitiva y eterna.

En la L o LAF, tenemos así mismo la *lex* latina o ley, cuya palabra en lenguaje nórdico, significa PIEDRA y nos hace recordar la palabra LORELEY (piedra de Loro), es decir, la triangular de todas las cosas.

Variante de la runa LAF

Si unimos los dos LAF por su brazo, tenemos la formación de una M y esta letra considerada como runa significa matrimonio. De este modo la unión de EL y de LA, forma una pareja, una conjunción. Son, pues, dos vidas que pretenden formar una sola. La práctica que hacían las normas al atraer las fuerzas de LAF consistía en concentrarse sobre un vaso de agua dándole sentido espiritual y exclamaban: «Con este agua limpio mi ser interno de toda maleza para recibir al hombre, al ser cósmico, a las fuerzas cósmicas». He aquí por qué las instrucciones de esta runa deben darse juntamente con las de la runa MAN que es el hombre–Dios que levanta sus brazos.

Runa MAN

MAN significa, en primer término, el hombre, pero significa también la MANO del *manus* latino. En los Estados Unidos encontramos muchas calles con el nombre de *MainRoad* o *MainStreet* (camino principal) y hemos de recordar a *manas* o *mens* (alma). La palabra *manager* (manejador) tan usual entre los ingleses y las de mandado, mandato, manda, mandaría y, sobre todo al Dios MANUS que encontramos siempre adornado con este símbolo. Es una de las runas principales y por su misma forma nos invita a una constante oración. Es el hombre que implora a lo alto, al Gran Todo. MANEMANU son también anagramas de los *mantrams* AMÉN y AUM, los cuales son los que deben constituir nuestras oraciones y deben expresar siempre: YO SOY DE ORIGEN DIVINO. Recordar aquella frase tan mal entendida e interpretada de YO SOY TANTO COMO TÚ que no significa el establecer una comparación entre dos hombres. Esa frase es simbólica. Quiere decir, YO PEQUEÑO MICROCOSMOS, SOY TANTO COMO TU, MACROCOSMOS INMENSO.

El hombre consciente de su valor, no debe de ir jamás con la cabeza baja en actitud de humillación, sino que debe de posesionarse instantáneamente de la idea de que él es VIDA REAL, inundada de ardor, de fuego, de potencialidad acumulada. Que domina y que no es dominado. Que la razón vibra y está en él como una fuerza arrolladora y que, mientras escucha, está clavado en el suelo, alta la frente, y con todo el derecho de su personalidad y todo el peso de su energía espiritual. Por eso los artículos EL, LA o LAF, LAF tienen el significado de Dios encerrado en nosotros o aprisionado que, con absoluto derecho a Luz y a libertad, clama y reclama al Cielo. Todo ello se encuentra aprisionado en esas dos runas.

OM, como monosílabo, en hebreo, se traduce por lo verdadero, lo vital, lo legítimo, y, en ese sentido, debemos de posesionarnos de la frase bíblica que se encuentra espiritualmente sobre el pendón de los gnósticos: YO SOY LA VERDAD Y LA VIDA: : : Pero YO, YO MISMO, sin reclamar frente a nadie y sin pedir nada externo. Sin que mi oración vaya hacía fuera, sino hacía adentro. ¿Hay algo fuera que no esté dentro de mí? ¿Debo demandar a un símbolo, como hacen ciertas religiones, lo que puedo demandarme a mí mismo donde nada existe con matiz simbólico y todo es real? Debemos asegurarnos de que YO SOY LA LUZ, YO SOY DIOS, pues esa chispa divina que es Dios, mora y radica dentro de mí y el objeto de mi vida es libertarla, llegando a ella, identificándome con ella, para hacerla objetiva ante mis ojos… Y debemos seguir: YO SOY LA SALUD, YO SOY UNA MANO DEL GRAN TODO mediante la cual ejecuta su voluntad y debo recoger, como tal antena viviente, las fuerzas divinas del cosmos no torciendo su curso ni adulterando su Ley.

La práctica correspondiente, es ir por la mañana hacía el Sol, en el momento en que asciende por el Oriente, en esa actitud de las manos levantadas como lo expresa la runa e implorarle ayuda y sostén. Esto debe hacerse siempre los días 27 de cada mes desde las 3:30 hasta las 4:00 horas de Greenwich. Jamás se implora inútilmente en este sentido y en dicha actitud.

Fijaos también en la Iglesia Católica hay fieles que rezan e imploran en esa misma forma de brazos abiertos y suplicantes. El Cristo del gran escultor Tohrwalsen está concebido adoptando igual norma.

En muchos escudos, esa misma runa MAN , representa al ÁRBOL DE LA VIDA y observamos también que en documentos antiguos, se encuentra el ÁRBOL DEL PARAÍSO con sólo tres ramas (semejante a la runa MAN) y una serpiente enroscada a su alrededor, es decir LA SERPIENTE, símbolo de la vida, enroscada al ÁRBOL de la CRUZ, pero es una

Cruz, no como la conocemos en el cristianismo, en que la viga transversal es como un obstáculo que interrumpe la corriente, sino con brazos levantados dejando esa corriente expedita para que pueda ascender.

Si partimos la runa HAGAL ✳ que representa todo el cosmos, nos resultan dos runas. Una, con los brazos levantados y la otra, con los brazos caídos. La primera representa al hombre-Dios, el hombre-espiritual que mira a la altura. La segunda es el hombre-físico, el hombre-humano que siente la llamada del suelo. Uniendo ambos conceptos, es decir, a Dios con el hombre tendremos el significado de esas runas. También son símbolo del hombre y la mujer cuando forman ese Todo que forma alguna vez la naturaleza. O lo que es lo mismo, ese ser hermafrodita, hombre-mujer, armónicamente unidos, que es la clave excelsa de la magia sexual, MA, MAN, madre y MAN, MANO, padre, dos palabras arcaicas, símbolo original del nacimiento de toda cosa.

UNIR también debemos, equilibrar como indica esa runa, el SABER del cerebro con el SENTIR del corazón. Son los dos polos que, unidos, harán saltar la chispa de esa misteriosa Luz que va en nosotros y de la cual somos, como dijo un ocultista español, verdaderamente productores. El valor de la runa es 15. Si sumamos ambas cifras nos da 6, es decir, sex. De esta palabra se compone el sexo que, cabalísticamente, es KAUN. La runa del *sex* o del sexo, ya la conocemos y tiene un solo brazo levantado representando al sexo en el sentido material.

En esta otra runa los dos brazos se levantan para determinar que el AMOR, el Sexo Divino, es nuestra propia sustancia transmutada.

El Discípulo no debe esperar que se le diga todo, sino que debe buscar palabras que principien con MAN, MANO y verá como ya en el principio del lenguaje humano esa runa tenía su importancia.

Para las operaciones de magia rúnica, de las que hablaremos más adelante, deben haberse sentido en sí mismo todas esas fuerzas que hemos explicado. Ninguna operación de magia blanca se puede hacer sin levantar los brazos, aunque ello sea mentalmente, al Gran Todo, pensando que todo tiene un tronco, una base, y que al hacerlo, indicamos que todo es un ÁRBOL, el árbol de la humanidad, el árbol de la vida.

Runa GIBUR

Estábamos estudiando logosofía y hubimos de comenzar por el gran maestro Heráclito, el sublime iniciado de Éfeso, cuya figura nos interesaba verdaderamente después de haber leído con detenimiento la conquista de México, donde los padres católicos figuran sosteniendo la creencia de que QUETZALCOATL había sido el célebre griego.

El LOGOS, decían los maestros de Éfeso, tienen su exponente material en la escritura y por consiguiente pueblos de escritura igual o semejante, están kármicamente unidos por una ley ineludible. Llegaron entonces a nuestras manos, al estudiar paleoepigrafía, caracteres rúnicos de toda la América, modos de escritura rara, alfabetos completamente distintos de los de Oriente y, en mitad de estos estudios, fue de nuestro interés el alemán sobre todo con sus magníficas composiciones poéticas escritas en esos mismos caracteres rúnicos.

Un día nuestro guía, siguiendo paso a paso nuestras investigaciones, nos ofrece algo que le era conocido y nos pregunta: ¿Qué caracteres son éstos? No lo sabemos, respondimos. Pues esa es la escritura española… Pero rectifica enseguida y le da el nombre de ibérica y súbitamente pudimos observar que el karma de los españoles conquistando América estaba estrechamente unido con el de los americanos por el Logos: el conservar una escritura igual al de aquellos pueblos desconocidos (hoy ya sabemos que existieron esos caracteres ibéricos 10 000 años antes de nuestra Era).

Seguidamente compramos obras sobre escritura ibérica y entonces fue cuando vino nuestra decepción. Los autores decían que el pueblo íbero había recibido su alfabeto unos doce o quince siglos antes de nuestra Era y que procedía de los tirios. Otros autores aseguraban que venía del fenicio y no faltaba quienes le buscaran su origen en el helénico arcaico. Es el eterno error de los siglos pasados colocando la matriz de todas las cosas en el Oriente. Entonces aprendimos que las escrituras, como todo nuestro lenguaje, eran de origen divino y que no había posibilidad de fijar la fecha en que los humanos habían comenzado a escribir. Pero lo que buscábamos era la conexión ente España y América, es decir la clave kármica, y las runas nos enseñaron el camino.

Sabido esto, comprendimos que estas escrituras rúnicas tenían fuerzas ocultas y poderes inherentes y fue entonces cuando surgió en nosotros la idea de despertar esos poderes en nuestros discípulos españoles-indios. Nadie, hasta entonces, había pensado en ello y hace un año que nos decidimos a la atrevida empresa de ofrecer nuestro curso rúnico. Aunque el material era superior a nuestras posibilidades para sintetizarlo todo, tratamos primeramente de dar a conocer las runas, ya que eran desconocidas, haciendo vibrar con ello el fondo oculto de todos y cada uno, tanto en España como en América.

Llegamos ahora a la última runa que es ciertamente la más importante la GIBUR. Ella corresponde a nuestra G. La G, la letra sagrada de la masonería iniciática, y sobre la que pesan tantos y tantos conceptos, simbolismos y significaciones emblemáticas para no haber dado nunca con su verdadera clave. La G, es la cruz esvástica, es el amén, es final de todas las oraciones. La cruz esvástica no es más que dos runas GIBUR una puesta o cruzada por la otra, significando una vez la germinación de la luz física y otra vez la Luz Espiritual. Es, pues, un antiguo símbolo de Luz conocido en el mundo desde sus principios y por todas partes donde se mantuvo la raza aria.

Es geo (tierra), geometría, gramática. Es dios en su acepción de *Gimno* (engendrar) o principio genésico de todas las cosas. Es la gimnasia o modo de despertar o hacer poderes internos tomada en el sentido rúnico y en la generación donde todo empieza y, a pesar de ello, con esta runa termina el alfabeto rúnico.

Es curioso que en el alfabeto ibérico falte la cruz esvástica, ya que ellos la tenían como símbolo y aisladamente para darle toda su importancia. Sin embargo han puesto como final la runa ODIL u ODAL(la vida). Esto quiere decir, que cuando los íberos recibieron las runas, confundieron la vida física, material, con el impulso puramente espiritual. En México, el Dios de la Vida, lleva la cruz esvástica en la frente y los sacerdotes la tenían como adorno en sus vestiduras. G es también el Gott o Cot que significa Dios. Gibraltar se llamó antiguamente GIBURALTAR. e. D., altar. El altar de la GIBUR de la vida divina. GIBUR significa, así mismo, el retorno a Dios, la vuelta a la vida Divina y la Cruz, en la forma que la tiene la bandera alemana moderna, es un SÍMBOLO DE LUZ, pero de LUZ DIVINA. Es la que nos dice: hombre, regresa a Dios, identifícate con Dios, vuelve a despertar la vida divina en ti y así habrás cumplido con todas las runas y, como eres de origen divino, como lo es el Logos, si te vales de las fuerzas internas que posees, serás mago, serás iniciado, serás Dios mismo...

La corriente que hemos aprendido en el *Curso zodiacal* que viene de lo alto y se detiene en el corazón, es la que espera que ascienda la de la tierra para formar una sola, única. De arriba, nos llegan las fuerzas celestes. De abajo, las fuerzas sexuales. Todo unido, entra la transmutación y se convierte en pura esencia divina. Así es la Cruz. Una viga viene de lo alto, otra asciende desde la tierra, mientras la viga transversal une a ambas y hace de la corriente vertical, la horizontal.

Los antiguos denominaban a esa Cruz, FIRFUSS y de ella han hecho equivocadamente cuatro patas o cuatro vigas. Etimológicamente FIR es fuego, es nuestra cruz gnostica, la cruz-fuego que todo lo purifica. Si unimos, pues la runa IS con la SIEG (sal-sol), formamos la GIBUR. Las cruces de San Andrés y la de Malta tienen idéntico significado y muy pocos han sabido o concebido que la Cruz, la Rosa-Cruz y la G de los masones sea la misma cosa.

Ahora es cuando se comprenderá la importancia simbólica de la Cruz cristiana, pues esta Cruz es sólo símbolo de muerte para el cristiano exotérico, mientras que para el esotérico o iniciado, la Cruz, como G, como generación, es el símbolo máximo de la vida. Casi todas las prácticas relacionadas con las runas, se han perdido en el transcurso de los siglos. Sólo una se ha mantenido viva, que es la práctica de la Cruz.

Vemos en todas las prácticas ocultas, en las leyendas y hasta en la historia, que cuando el Mal, el demonio, perseguía a los humanos, hacían la señal de la Cruz, mientras que Satán huía. Esto no es prejuicio, es real, pues la Cruz o la señal de la Cruz tiene con toda certeza un valor real. Nos han hecho creer que el Diablo era cobarde y que perseguía a sus víctimas, hasta que el caballero tomaba su espada por la hoja enseñando la Cruz. Tanto al dormirnos como al despertar, hacemos la señal de la Cruz y es una hermosa costumbre que ha prevalecido en todas las iglesias cristianas, pero los que se llaman creyentes llevan esto a la práctica como una rutina, como un S.O.S. del ser en peligro y suponen que sólo tiene un valor religioso. No es así. La Cruz es símbolo de Alta magia, evoca la vida, a Dios dentro de nosotros y si la hacemos consciente, tiene aún más alto significado y se convierte en poderosísima. No necesitamos dar instrucciones especiales pues todos saben hacer la señal de la Cruz y ella dice al estudiante de magia, que quiere poderes, que ansía ayuda del Invisible, una vez que siempre es un llamado a las fuerzas superiores el hecho de hacer LA SEÑAL DE LA CRUZ. AMÉN.

ÍNDICE